JN107430

続

現役トップレーサーが教える
ヨットレースで役立つテクニック

クルーワーク

The Racing Crew Work Book II

虎の巻

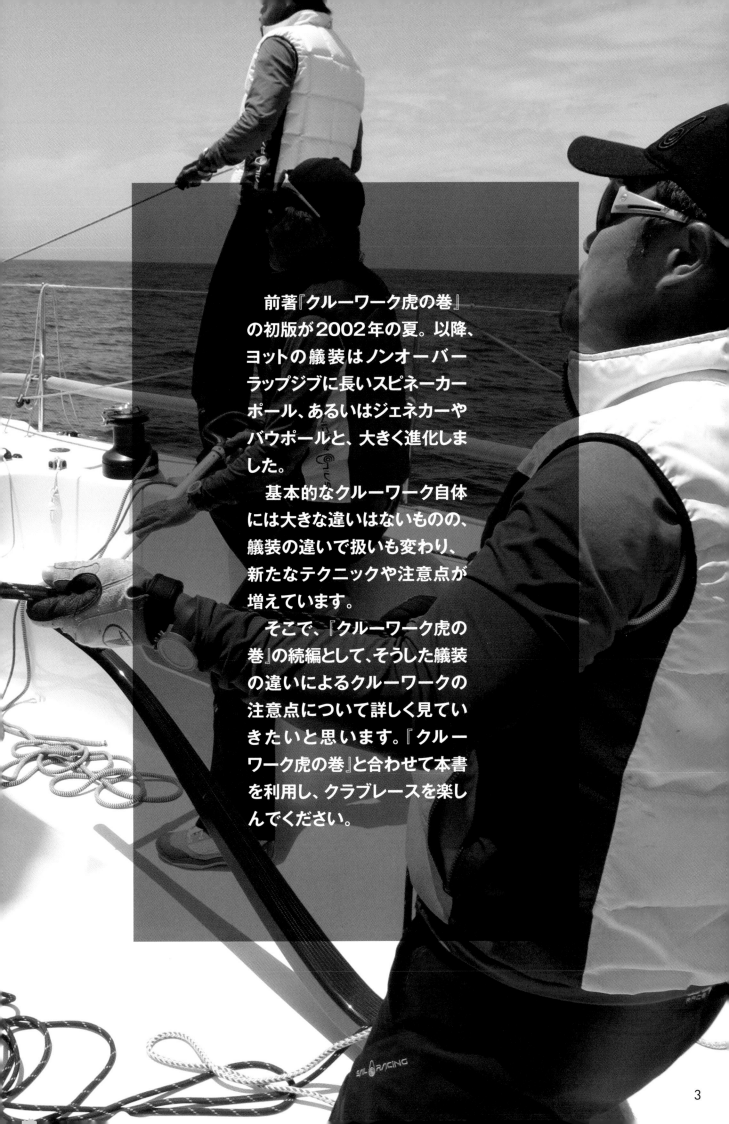

　前著『クルーワーク虎の巻』の初版が2002年の夏。以降、ヨットの艤装はノンオーバーラップジブに長いスピネーカーポール、あるいはジェネカーやバウポールと、大きく進化しました。

　基本的なクルーワーク自体には大きな違いはないものの、艤装の違いで扱いも変わり、新たなテクニックや注意点が増えています。

　そこで、『クルーワーク虎の巻』の続編として、そうした艤装の違いによるクルーワークの注意点について詳しく見ていきたいと思います。『クルーワーク虎の巻』と合わせて本書を利用し、クラブレースを楽しんでください。

本書は、ヨット、モーターボートの雑誌『Kazi』2013年1月号から2014年12月号まで掲載された連載記事をまとめたものです。連載は、前著『クルーワーク虎の巻』でもクルーを務めた伊藝徳雄さんの提案で、国内外で活躍するトップセーラーの皆さんを集めてもらい、コーチ兼モデルをお願いしました。まずはそんな"虎の巻セーラー"の皆さんをご紹介しましょう。

バウマン
伊藝德雄

1972年、神奈川県生まれ。ニッポンチャレンジ2000のメンバーとして参加以降、プロセーラーとしてインショア、オフショアを問わず活動中。連載時のコーディネーターも務めた。（有）伊藝代表。

ピットマン
和歌山英樹

1970年、広島県生まれ。〈SLED〉などで国内外のレースに出場しており、2019年のTP52スーパーシリーズ第5戦では優勝した。ボート、ヨットの各種サービスを行っている「ヴィ・キューブ」代表。

ヘッドセールトリマー
本田敏郎

1965年、神奈川県生まれ。ニッポンチャレンジ2000のメンバー。ファー40、メルジェス32、TP52の海外レースに参戦している。レースチームのマネジメントで活躍。（有）オンザウインド代表。

メインセールトリマー
笹木哲也

1968年、福島県生まれ。企業ヨット部をへてプロセーラーとして活躍。ワンデザインからTP52などビッグボートまで幅広く国内外のレースに出場。J/24世界選手権優勝。（有）ティアラ・インターナショナル代表。

タクティシャン
中村健一

1969年、山口県生まれ。スナイプ、470、49er、ジャパンカップでも優勝。現在は（公財）日本セーリング連盟 オリンピック強化委員会ナショナルコーチとして金メダル獲得に向け強化展開中。

特別講師
中村 匠

1979年、福岡県生まれ。スナイプ、J/24、ジャパンカップ、あるいはマッチレースで数々の国内タイトルを獲得。海外でもメルジェス32やメルジェス20などで入賞と実績を積み重ねる。ノースセール・ジャパン所属。

モデル艇（A-35）は内海 哲オーナーからお借りし、また、オーナーにはヘルムスマン役も務めていただきました。
現在、日本のクラブレースで主流となっているオーナーヘルムの設定です。

第❶章 クルーワークとは

まずは、各クルーの役割から乗艇位置、
そして基本中の基本であるタッキングとジャイビングについて見ていこう。

メインセールトリマー

その名の通り、メインセールのトリムを担当。艤装によってはアウトホールやカニンガムなどの操作はピットマンが担当する場合もある。モデル艇は、ヘルムスマンの後ろにメインセールトリマーが位置する変則的なアレンジになっているが、通常はヘルムスマンの前に位置することが多い。

ヘルムスマン

舵を持つのがヘルムスマン。メインセールトリマー、ヘッドセールトリマーと合わせた3人をスピードチームともいい、ボートスピードや高さといった基本的な「走り」を担当。小型艇では、ヘルムスマンがメインセールトリムも同時に行うことがある。オーナー（船主）がヘルムスマンを務めればオーナーヘルム。また、スキッパー（艇長）とは、ポジションのことではなく、チーム全体のまとめ役、総責任者という意味で、オーナーヘルムでは通常はオーナースキッパーで、ヘルムも担当ということになる。

ヘッドセールトリマー

ジブやスピネーカーなどのヘッドセールのトリムを担当。大型艇になると、ジブトリマーとスピネーカートリマーを分け、さらにアフターガイのトリマーも別に入ることもあり。35ftサイズでも、風速が上がれば、ガイにはフローターが入ることもある。ヘルムスマン、メインセールトリマーと共にスピードチームの一員でもあるが、マーク回航ではセットパターンの指示を出すこともあり、ピットマンとの連携も重要だ。

フローター

キャビン内に入ってスピネーカーの取り込み（ソアマン）。あるいは、ピットマン、ヘッドセールトリマーの補助としてウインチを回したり、テーリングに入ったりと作業範囲は広い。気が利くフローターの存在は、実はクルーワークの要ともいえる。

タクティシャン

戦術（タクティクス）担当としてコース選択の司令塔となる。ということは、タッキングやジャイビングのタイミング、マーク回航のパターンを決める総責任者ということになる。大型艇になると、ナビゲーション、戦略（ストラテジー）と分かれているケースもあるが、逆に小型艇になると、ほかのポジションと兼務してコントロールラインを扱うケースもあり。

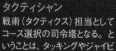

マストマン
主な作業は、マスト部でのハリヤードのバウンス、つまりマストに沿ってハリヤードを引っ張り上げること。さらには、バウマンの補助でセールの取り込み。後ろに戻ってピットマンの補助（セカンドピット）。ウインチを回すグラインダーと結構忙しい。パワフルで機転の利く人が適任。

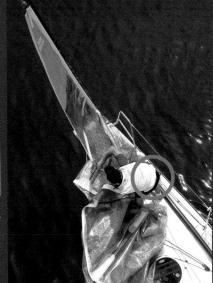

バウマン
主にマストから前、バウデッキの作業を担当。スピネーカーのセット、回収。ジブ交換。あるいは、スタート時にはスタートラインとの位置関係をコール。マストに登るのもバウマンの仕事だ。俊敏でかつパワーも必要。一人で風下や前に行くことも多いので、艇のバランスを崩さないよう小柄なほうがいい。

ピットマン
ハリヤード類の操作。フォアガイや、ときにはジブシートのテーリングやグラインダーに入ることもあるし、コンパニオンウェイハッチ周辺の作業が多いので、そのままキャビンに入っての船内作業も主に担当。バウマン、マストマンら「前」の人たちと、ヘルムスマン、タクティシャンら「後ろ」の人たちとをつなぐ中継役でもある。

ポジションと役割

　ひと言で外洋艇といっても幅は広い。本書は現在のクラブレースの主力である全長30〜35ft艇の中から、スピネーカーポールとバウポールを両方装備するハイブリット艤装であるアーシャンボー社のA35をモデルとして、まずはブイ回りのソーセージコースを、さらには外洋レースも想定して話を進めていく。

　A35のIRCレーティング証書上の上限は、8人乗りで乗員体重合計680kg。通常、証書上の上限のクルー（8人乗り）で挑むことになり、前から後ろまで八つのポジションがある。それぞれどんな役割なのか、まずはそこから見ていこう。

オーナーと
5人のクルーたち

　本来8人乗りのA35だが、今回の写真撮影では5人のプロセーラーが乗り込み、オーナーヘルムと合わせて6人でこの35ft艇を乗りこなしている。2人足りないことになるが、タクティシャンがフローターの役割も兼ね、バウマンはマストマンの作業もこなすなどして対処している。

　通常、31〜33ftなら7人乗り。30ft以下なら6人乗り。25ftなら5人乗りで動かすわけで、今回の6人乗り撮影はこれらのクラスのクルーワークの参考にもなる。イラストのほうには、8人乗りでのパターンも描いておくので、乗員数によってそれぞれのチームのフォーメーションを工夫していただきたい。

　たとえば左ページフローターの説明写真は、風下マークラウンディング（回航）で、タクティシャンが左手でジブシートのテーリング、右手でメインシートのグラインディングをしているところ。視界は後続艇を捉え、頭の中では次のアップウインドの戦術を考えているという大忙しの図だ。工夫とチームワークがクルーワークのキモであり、面白みでもある。

乗艇位置

各クルーはポジションごとにさまざまなシートやコントロールラインを操作することになる。ポジションごとの役割によって前から後ろまで、だいたいの乗艇位置も決まってくるわけだが、そもそもヨットはバランスのスポーツでもある。乗員の体重を生かしてヨットのバランスを保つ。そのため

には常に乗艇位置に気を使う必要がある。さて、そのバランスとは……。

セール力とキール力

セールに生じる力と水中で生じる力、両者が釣り合って初めてヨットは真っすぐ走る。ラダーは、そのバランスを調整する手段の一つにすぎず、バランスを保つための要素はほかにもある。

まずはセールトリム。セールから生じる力の発生する中心がどこにあるか。セールのトリムやマストのチューニングで違ってくる。

さらに艇のトリム。前後左右の傾きで、水中で生じる力の作用中心の位置が変わってくる。前後左右の傾きを調整する手段の一つが、乗艇位置ということになる。

どこに乗るか。ヨットを速く走らせるために、実はかなり重要な要素になるのだ。

● ハイクアウトの重要性

まずはクローズホールド。風上に向かって走るわけから考えてみよう。

セールから得られる力を「セール力」と名付けよう。セール力は、揚力と抗力が合わさったもので、クローズホールドでは風下からやや前方向に生じる。この前方に生じる成分がヨットを前に走らせる

セール力

キール力

一方、水中から得られる力、キールやラダーあるいは艇体そのものから生じる揚力と抗力の合わさったものを「キール力」と名付ける。セール力とキール力が釣り合って、ヨットは風上に向かって走ることができる

ヨットが大きくヒールすると、キール、ラダーの投影面積が減り、セール力を活用できず、リーウェイが増えてしまう

セールから揚力が生じてヨットは走るというのは、理解できると思うのですが、キール力についてはピンとこないかもしれません。でも、セール力とキール力がバランスしてヨットは走っているということは理解できると思います。ハイクアウトでキール力を増大させ、セール力を最大限に推進力に変えましょう。

ヘディングは同じ方向を向いていても、リーウェイが大きければ高さをロスする

きっちりとヒールを起こして走った艇とは大きく差がついてしまう。そこで、ヒールを起こすハイクアウトが重要になる

セールエリアを小さくしたり風を逃がしたりすることでもヒールは小さくなるが、ハイクアウトでヒールを起こせば、その分大きなセールに風を十分に受けて走ることができる。そしてこれが外洋艇におけるハイクアウト。乗員は風上舷で体重をかける。むやみに艇外に乗り出せばいいというものではない。セーリング競技規則（RRS）で規定されており、ライフラインの上段と下段の間から上半身を出し、艇外に上体と足を出す

● キールボートのハイクアウト

どうしても自分の仕事や周りが気になりハイクアウトは二の次みたいな感じになりがちですが、特にマークラウンディング（回航）直前は、スピードや高さを稼ぐために、ハイクアウトすること自体が非常に大切なクルーワークの一部となります。自分の体重がどれだけ重要かあらためて考えてハイクアウトするといいね！

デッキとハルの接合部（ガンネル）をレールといい、クルーのこの状態をオンザレールとも呼びます。「ウエートアップ」で風上側に移動。完全にハイクアウトした状態がマックスハイク。

マックスハイクとは……下段のライフラインに骨盤が乗って、ほぼ全体重がライフラインにかかっている状態で、お尻は完全にデッキから離れます。腿（もも）の裏側がガンネルに触れています。少しでも重心を下げてボートを安定させるよう、ヘッドダウン。頭は上げない。キョロキョロするだけでヒールが起きてしまうので、つらいですが、ここぞという勝負のときはこれが効くので、我慢して、マックスハイク！

胴体を出してもいいのは、ライフラインの上段と下段の間からのみ。この写真のようにライフライン上段から外に胴体（頭と腕以外の胴体部分）を出してはならない。しかし、ルールでは、「必要な作業を短時間で行う場合を除き」とあり、写真は下マーク回航直後、ジブシートのテーリングという必要な動作をしながら、ライフラインの外側に体を出してハイクアウトしているところなので、オーケーだ。作業中も常にウエートバランスを考えよう

ライフラインが1段しかない艇種では、ルール上、胴体をライフラインの外に出すことはできないので、マックスハイクでこのような体勢になる

ヒールのみならず、前後のトリムにも注意。なるべく水線長を長く稼ぐよう、バウナックルがちょうど水面に接するくらいに。これはハイクアウトしたバウマンが乗り出して目視で確認ですね。

—バウナックル

また、前後のトリムは、クルーの体重移動のみならず、船内の備品の置き場所、例えばセールなどを移動させることでも変わってきます。コンディションによってセールの置き場所を変えるというのも、バウマンの重要な仕事の一つです。

ライフラインやスタンションについては、外洋特別規定（141ページ）で太さや間隔、張り具合が決められているので、そちらも注意。ライフラインが切れたら、海にドボーンですから。

● 適度なウエザーヘルムで、キール力アップ

ヒールを起こすということを考えたついでに、ウエザーヘルムについても考えてみる。

ヨットがヒールすると、セール力の中心は風下に、キール力の中心は風上側に移動するので、両者は左右に開く

風下側が押されて風上側で突っ張ろうとするわけだから、ヨットは風上に回頭していこうとする。これがウエザーヘルムだ

セール力とキール力の中心が前後にずれることでもヘルムは変わる。セールのトリムを変えることで、セール力の中心を前後に移動させることができる。またセールトリムによって、セール力の中心は上下にも移動する。これでヒール角度が変化すればヘルムも変わる

ウエザーヘルムの状態でティラーを風上側に切れば、ラダーからはより大きな揚力が発生する。キール力の中心は後ろに下がり、セール力と釣り合ってヨットは直進する。ラダーというのは、方向転換のみならず、ヨットを直進させるための装置でもある

ということで、適度なウエザーヘルムの状態で、適度な舵角でヨットを直進させれば、ラダーからはより大きな揚力が発生し、リーウェイを減らして走ることができる。かといって、過大なウエザーヘルムで舵角が大きくなりすぎても、抵抗が増すばかり。適度なウエザーヘルムを保ちたい

適度なウエザーヘルムといっても、艇種やコンディションによって適度な舵角の目安は変化します。J24では約3度、RC44で約3～6度が目安といわれており、TP52では4度までを目安としています。

ヘルムの感覚は、舵を握っているヘルムスマンが一番敏感に感じているので、メインセールトリマーは常にヘルムスマンとコミュニケーションを取って、二人の感覚をできるだけ同じにすることが重要になってきます。私の場合は、風速のアップ／ダウンがあったとき（艇のヒール角度が変化したとき）は特に、ヘルムスマンにヘルムの感覚を問いかけるようにしています。自分は、シートを持っている手やデッキに接しているお尻から、艇がどのようなバランスになっているのかをできるだけ感じるようにしています。

ジブトリマーとしては、セールのシェイプも大切なのですが、アップウインドで一番気にかけていることは、ヘルムバランスとメインセールとのバランスです。ほんの少しのジブシートの出し入れでヘルムに大きく影響してきます。例えばジブシートがアンダートリムの状態でメインセールを入れてくると、どうしてもウエザーヘルムがきつくなってしまいます。逆にジブシートがオーバートリムだと、ターゲットボートスピードをメイクするのが難しくなります。

そこで、常にヘルムスマンとメインセールトリマーとは会話をしている必要があります。スピードチーム（ヘルムスマン、メインセールトリマー、ジブトリマー）の会話のループを回すことを大切にしています。

スピードと角度

　クローズホールドでは、いかにしてセールから前進力を得るかが重要だ。同時に、いかにして水面下でリフト（揚力）を生じさせリーウェイを減らすかも重要になる。風上に向かうクローズホールドでは、セールから得る推進力よりも重要かもしれない。

　キールボートのフィンキールは左右対称な断面になっているが、わずかなリーウェイによって迎え角が生じ揚力が発生する。

　さらに、適度なウエザーヘルムのもとでヨットを直進させるために舵を切ることで、ラダーからのリフトはより大きくなる。

ウエザーヘルム

　適度なウエザーヘルムを保つことで、クローズホールド性能はアップする。ウエザーヘルムがなくても、過大でも、良いことはない。あくまでも適度なウエザーヘルムが必要だ。どうすれば適度なウエザーヘルムになるのか。ウエザーヘルムが生じる要素をまとめてみよう。

・ヒールが大きくなればウエザーヘルムは大きくなる。

・セールのトリム。例としては、メインセールの風を逃がすことでウエザーヘルムは小さくなる。

・ヨットの前を沈める（バウトリムにする）ことで、キール力の中心は前に移動し、ウエザーヘルムは大きくなる。後ろに乗ればウエザーヘルムは小さくなる。

・マストを後傾（アフターレーキ）させるとウエザーヘルムは大きくなる。

　これらの要素を組み合わせて、クルー全員で適度なウエザーヘルムを保つよう努力しよう。

軽風下では、適度なウエザーヘルムを得るためにクルーは風下側に乗り、強制的にヒールさせる。さらに前寄りに乗ることで、ウエザーヘルムはより大きくなる方向へ。また軽風下では造波抵抗よりも摩擦抵抗のほうが大きくなる。艇体の丸い部分が水面下に入ることで接水面積を減らすこともできる

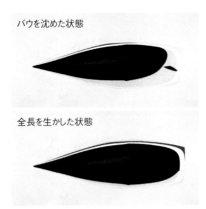

バウを沈めた状態

全長を生かした状態

多くのヨットは船体後部の船底はフラットになっている。より丸みを帯びた船体前部を沈めることで、接水面積を減らすことができる。またキール力の中心も前に移動するので、ウエザーヘルムも大きくなる

重量を集中することで余計な揺れを防ぐ。乗員はなるべく固まって乗る。微風時は、どうしても必要なヘルムスマン、トリマー以外は船内（ダウンビロー）へ。それも、前寄りキールの上あたりになるべく固まって。暑いかもしれないが我慢我慢

三つのモードを使い分ける

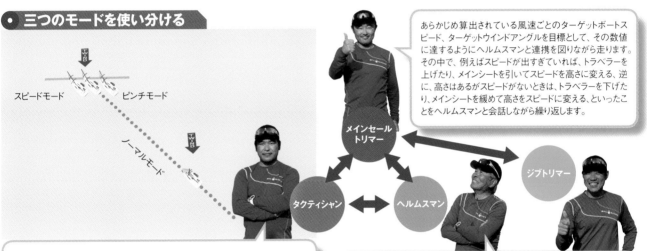

あらかじめ算出されている風速ごとのターゲットボートスピード、ターゲットウインドアングルを目標として、その数値に達するようにヘルムスマンと連携を図りながら走ります。その中で、例えばスピードが出すぎていれば、トラベラーを上げたり、メインシートを引いてスピードを高さに変える、逆に、高さはあるがスピードがないときは、トラベラーを下げたり、メインシートを緩めて高さをスピードに変える、といったことをヘルムスマンと会話しながら繰り返します。

クローズホールドには、三つのモードがあります。
・ピンチモード（通常よりも高さを取って走る）
・ノーマルモード（ターゲットボートスピードで走る）
・スピードモード（通常よりも落として走る）
スピードチームには基本的にターゲットボートスピードで走ってもらいますが、レースの中の場面場面で、タクティシャンからスピードチームに走り方を要求することが多々発生します。例えば、前にブローがあり、集団に対して前に出したい、とか、上からブローが下りてきている場合、少し高めに走ってブローに乗せるなど、三つのモードを有効に切り替えて走ることが、戦術、戦略上重要になります。

オーナーヘルムの場合は、タクティシャンは、ヘルムスマンのすぐ横に位置するメインセールトリマーにモードを要求し、メインセールトリマーはセールコントロールをジブトリマーに伝えるとともに、ヘルムスマン（オーナー）に走らせ方を指示しながら帆走します。これなら、タクティシャンはメイントリマーに走り方を伝えるだけでよいので、集中してレースコースを考えることができる。また、シアー（上の風）の変化についてメイントリマーと話し合って次の風の変化を読んでいく。あるいは、他艇との走りの差をメイントリマーに伝え、トリムと走らせ方（モード）の変更を行うなど、とにかくコミュニケーションが重要になります。

水線長

ある速力に達したところで急激に造波抵抗が大きくなる。これをハルスピードという。水線長が長いほど、この限界点は上がる。水線長が長くなるように乗艇位置で調節する。

接水面積

風が弱くてハルスピードには到底達しないようなときは、造波抵抗よりも摩擦抵抗のほうが大きくなる。バウを沈めて接水面積を減らすことでスピードアップにつなげる。

軽量化

ヨットは軽いほうがいい。不要なものはすべて降ろす。微風のレースなら、乗員体重も軽いほうが有利になる。しかし、最初から最後まで、全レースで、まったくハイクアウトの必要がないというレガッタは少ないだろう。多くのレガッタでは、ハイクアウトが必要な状況になる。さもなければノーレースか。

となると、ハイクアウトの効果を考えれば、乗員体重は重いほうがいい。クラスによって、乗員数や合計体重のリミットが決められているので、注意しよう。ときに

は減量が必要になることもある。

重量集中

なるべく重量は集中させて、低い位置に。

＊

これらの要素を組み合わせて、適度なウエザーヘルム、適した水線長、接水面積となるよう、前後左右の艇の傾きに注意し、常に乗艇位置に気を使わなければならない。あるいはマストのチューニングなども併せて、ハーバーを出る前から作業は始まっているのだ。

ハーバーを出る前に

出港前からレースは始まっている。まずは、余計な物は降ろす。必要な物も軽量化に努め、重量物は集中してフロアのキール周辺に置くことで重心を下げ、ピッチングやローリングといった無駄なモーションを起こしにくくする。

最低限搭載しなければならない備品は外洋特別規定（OSR）で細かく規定されている。クルー全員でこのルールを熟知し、搭載場所のみならず、それらの使用方法も把握しておく必要がある。

やっぱりバランス

何度も言うが、ヨットは、セールから生じるセール力と水面下で生じるキール力とのバランスが保たれることで走っている。ヨットが前後左右に傾くことでそのバランスは変化する。前後のトリムは乗員の体重のみならず、船内備品の搭載位置によっても変化する。どこに何を置くかは、ヨットのバランスを考える上で重要なことなのだ。

マストチューニング

ヨットのエンジンはセール。セールを展開するのがマスト。セールの性能をいかに引き出すかは、セールトリムももちろんながらマストのチューニングにも大きく左右される。マストのチューニングはレーススタート前に行う重要な作業となり、これはハーバーを出る前からすでに始まっている。

● まずは整理整頓

レースの準備は、軽量化から。不要な物は降ろす……のではなく、一度何から何まで全部降ろして船を空っぽにし、その上で本当に必要な物だけを積み込む。これが「レース状態」だ

そして、ここでも重要なのはバランス。前ページで説明したように、ヨットはバランスで走っている。どこに何を置くかは、使い勝手のみならず、重量バランスを考えて決めなければならない

基本的な船のトリム（前後の傾斜）は、乗艇位置だけじゃなく搭載品の搭載位置にもよります。特にセールを置く位置は決まっているわけではないので、軽風時は前寄りに、強風時は後ろに積むなどの小さな努力がスピードにつながります。

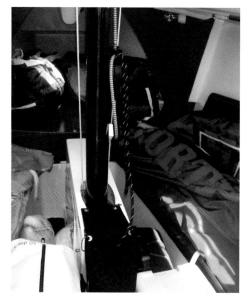

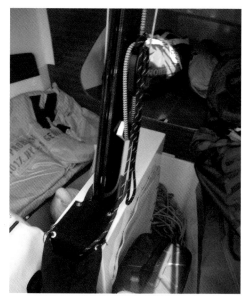

● リグチューニング

マストの前後の傾き（レーキ）を変えることでもヘルムは変わる。レーキ量を増やせば、セール力の中心は後ろへずれるのでウエザーヘルムは大きくなる。レーキ量だけではない。マストのベンド、フォアステイのテンションでセールのカーブも違ってくる。サイドベンドも含めて、マストのチューニングは、ボートスピードを高める大本でもある

マストチューニングはその日の風速などのコンディションによっても違ってくる。ヘッドステイを緩めることで、ジブのドラフト量は増えてよりパワフルになり、同時にマストが後傾するのでウエザーヘルムも増す。軽風時には軽風時のマストセッティングで。風が強くなってきたらセッティングを変える。スタート前にやらなければならないので、先を読む力も必要だ

1レース目が終わって、すぐに次のスタートなんてケースもあるわけで、後ろ（タクティシャンやトリマー）は、ほかのことで頭がいっぱいになっていてリグのセッティングや使用セールの判断にまで気が回らず、急にオーダーが入ることもあり。となると、すべてを時間内にこなすのは現実的に不可能なんてことも……。その場合、優先順位が高いものは何か？すべてをやろうとして結局すべてが中途半端にならないよう、バウマンやピットマンは自分たちで作業の段取りを管理し、何を優先して作業に入るか、瞬時に決定する必要があります。間に合わないものは間に合わないわけですから。

となると、風速レンジはどうなのか？後ろから言われなくても前でも判断できるはず。前から後ろに「レンジ上がってるよ。どうするの？」などと情報を入れることもしばしば。リグチューニング用の工具はすぐに取り出せるようにしておくなんてのは、これまた当然のことなのです。

まずは朝、チーム全体のミーティングでその日のコースやコンディション、想定される風速レンジについてすべての情報をクルー全員で共有しておく必要があります。その上でその日の風速レンジに合わせたベースのセッティングをして、ドックアウト。さ～行くぞ～！

メインセールにバテンを入れるのはメインセールトリマーの仕事。いったんセールを揚げたら、再び降ろさないと調整はできない。最初にしっかり確認しよう

ハーバーを出る前のセッティングだけではなく、風の強弱によってレーススタート前にセッティングを変えることもよくある。レース中は調節できないようルールで決められていることが多いので、レースが始まる前、つまり準備信号が上がるスタート4分前までに済ませることになる

艇によっては、ヘッドステイでではなく、マストステップ部を油圧で上げ下げしてプレートを差し込むタイプもあります。あるいは、ヘッドステイはルール上限の長さにしてサイドステイで調節するものもあり。いずれにしても、マストチューニングも大事なクルーワークの一つですからね。タッキングやジャイビングをそつなくこなすのは当たり前。ここではデータを集積し、スタート前のわずかな時間でタクティシャンやトリマーがコンディションを決め、作業はバウマンやピットマンが行うと、ここもチームワークですね。

タッキングとジャイビング

准備ができたらいよいよセーリングだ。

ヨットの操作で基本といえばタッキング。クローズホールドで風に対して約90度方向転換すること。これでヨットはジグザグに風上に向かって進むことができる。

ヨットレースのコースは、風上と風下に設けた二つのブイを周回するものが多い。多くは風上に向かってスタートし、まずはクローズホールドで走るアップウインドのレグとなる。ここではタッキングは不可欠だ。

タッキング基本型

舵を切ればヨットは回頭を始める。風下舷のジブシートをリリースし、風上舷のシートを引き込む。ヨットは回頭し、シートを引き込んだ側が新しい風下側となる。……という単純な動作だが、これがなかなか奥が深く、タッキング後にスピードや高さを失えば、見る見る順位を落としてしまうだろう。

ヨットの回し方からセールトリム、体重移動まで、どのように工夫すればいいのか？コンディションによっても大きく異なる。まずは基本型から見ていこう。

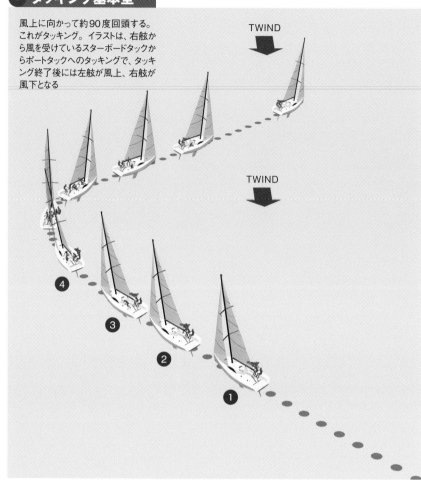

風上に向かって約90度回頭する。これがタッキング。イラストは、右舷から風を受けているスターボードタックからポートタックへのタッキングで、タッキング終了後には左舷が風上、右舷が風下となる

まずは中風域でのタッキング。真風速は約10kt。波はなし。メインセールトリマー以外、ジブトリマーも含めたクルーは全員ハイクアウトしている

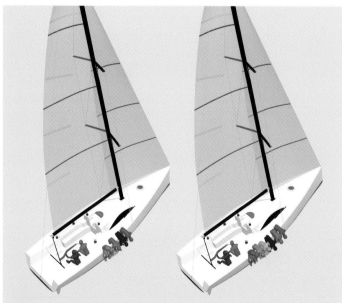

写真では6人乗りで、ハイクアウトは後ろからジブトリマー、タクティシャン、ピットマン、そして一番前のバウマンと計4人（左のイラスト）。8人乗りならあと2人、フローターとマストマンが入る。右のイラストは8人乗りでの定位置。タクティシャンは一番後ろでハイクアウトしヘルムスマンやメインセールトリマーとの会話がしやすいように。タッキングの際に一番早くハイクアウトを抜けるジブトリマーはその前、という配置になることが多い。一番体重の重いクルーが最もデッキ幅の広い部分でハイクアウトするなど、デッキレイアウトと乗艇人数、また各自の体重に合わせて最も効率のいい乗艇位置を決めておこう

タクティシャンはハイクアウトをさぼっているように見えるが、海面をよく見て次のタッキングポイントを探しているところ。スピードチームのジブトリマーとも会話して、意思の疎通に努めている。ピットマン、バウマンの両名はマックスハイクで、ここからは見えていない。勝負どころという設定だ

「レディータック」あるいは「レディーアバウト」の
コールで、まずはジブトリマーがハイクアウトを離れ
る。この時点ではまだ舵は切られていない

コールはヘルムスマンから発するのがいいと思いま
す。チームによっていろいろな言葉が使われますが、
個人的には「レディータック」などのコールから、
「3、2、1」とカウントダウンして、「タッキング」で舵
を切るのが分かりやすいと思います。「レディータッ
ク」のあとに「ヘルムスダウン」、風位を越えるところ
で「タッキング」などと言う場合もあります。

メインセールトリマーにとって、中風域とは、
・トラベラーはセンター付近
・メインシートはフルトリム
・バックステイ使用開始
で、フルパワーの状態になります。
ここでは、艇が風位に向かうのに合わせて
（状況に応じて）メインシートを詰めます。

あるいは、ジブトリマーが定位
置についてジブシートをリリー
スする準備ができた時点でジ
ブトリマーからコールをしてヘ
ルムスマンが舵を切り始める
こともあり。このあたりは乗り
手のレベルに合わせてあらか
じめ打ち合わせておこう

舵を切ったらヨットはラフィング
していく。ジブのラフ側1/3く
らいまで裏風が入ったところで、
ジブシートリリース。ジブシート
テーラー（写真ではタクティ
シャンが兼務）はそれまでに配
置（スターボード側のウインチ）
につく

タッキングで主に働いているのは、ヘルム
スマン、メインセールトリマー、ジブトリマー、
テーラーの4人ということになり、そのほか
のクルーは、ベストなハイクアウトを続けるこ
とが大きな仕事になります。常にヒールの
具合や前後のトリムなどのバランスを考え
て、ハイクアウト→移動を心がけましょう。

風上側のウインチにはジブシー
トを2～3回巻き、ウインチハ
ンドルはセットした状態で用意
ができている。ジブシートテー
ラーもハイクアウトを抜けて
テーリングの準備

「レディータック」のコールが
聞こえなくて動けず、もたもた
しているクルーを待ってすぐ
にタッキングできない、なんて
ことにならないよう、常にレー
ス展開、相手やマークの位
置などの情報を頭に入れて
緊張感と集中力をキープし
ておきたいですね。

タクティシャンがタッキングポイントを決めてヘル
ムスマンに伝え、ヘルムスマンの「レディータック」
のコールでタッキング動作が始まります。とはい
え、これは相手艇もいることで、刻々と変わりゆく
戦況の中で、急にタッキングのコールが入ること
もあり。逆に、途中で「ホールド!」と、タッキング
を中止するケースもあります。

⑤

ヨットが風位に立った。テーラーはジブシートを引き込む。写真ではタクティシャン中村がテーラーを務めているが、ピットマン、あるいはフローターがテーラーとして入ることも多い。ほかのクルーは新しい風上舷（ここでは左舷）に移動を開始

そこそこパワーのある状態ですが、タッキング後はスピードが落ちるため、バックステイを緩め、ヘッドステイをサギングさせてジブをパワフルにするとともに、メインセールもパワフルにします。

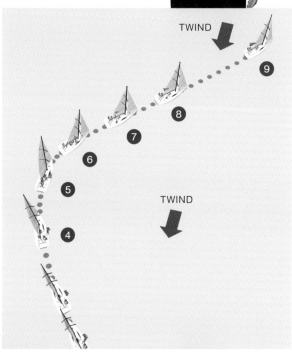

⑥

古いシート（この例では左舷側）をリリースしたジブトリマーは反対舷（右舷）へ移動開始。テーラーはシートを引き込みながら風上舷へ

メインセールトリマーは、セールがはらんだ瞬間にシートを出して加速。必要に応じてトラベラーも

⑦

テーラーはここでもまだジブシートをテーリングしている。ウインチについたジブトリマーはウインチでさらに巻き上げる。新しいジブシートの引き込みは、ファイナルトリムよりも少し出し気味でいったん止め、スピードビルド（回復）。ターゲットボートスピードに達するときに合わせてファイナルトリムまで引き込む

タッキングの間、主な作業のないバウマンは、一つ一つのタッキングで回頭スピードやタッキング後のアングル、スピードビルドなどの違いをスピードチームに指摘したり、逆にケースによってわざと変えていることなどを感じながら動くことで、バランスへの意識がより高まります。単に体重移動するという受け身の姿勢から、より能動的にタッキングについて理解していきたいものです。

18

タッキング後のスピードビルドが最も重要です。メインセールトリマーもしくはジブトリマーがボートスピードを声を出して読み上げることで、スピードチーム全員がスピードの回復具合を確認しながらトリムしていくことができます。

スムースにタッキングができたときと、波にたたかれるなどしてスピードを大きくロスしてしまったとき、あるいは風の強弱などコンディションによって、タッキング後にジブシートをファイナルまで引き込むタイミングを変えていく必要があります。そのためにもボートスピードの回復の程度をスピードチームが共通認識する必要があるのです。

ある程度セールが入ったところで、ジブトリマーはシートを受け取り、必要ならさらにウインチに巻いて巻き上げる。ジブシートを手放したテーラーはハイクアウトへ

ヘルムスマン、メインセールトリマー、ジブトリマーのスピードチームは、連携して加速。ターゲットスピードに達したらジブトリマーもハイクアウト。このとき、風上側のジブシートをウインチに掛け、ウインチハンドルもセットして次のタッキングに備える。ここから先はヘルムスマンとメインセールトリマーで走らせる

メインセールトリマーはスピードがついたらシートを引き込み、バックステイも入れると同時に、トラベラーの微調整

次のタッキングに備えて風上側のウインチにシートを巻き、ハンドルをセットした状態

● 体重残し気味のタッキング

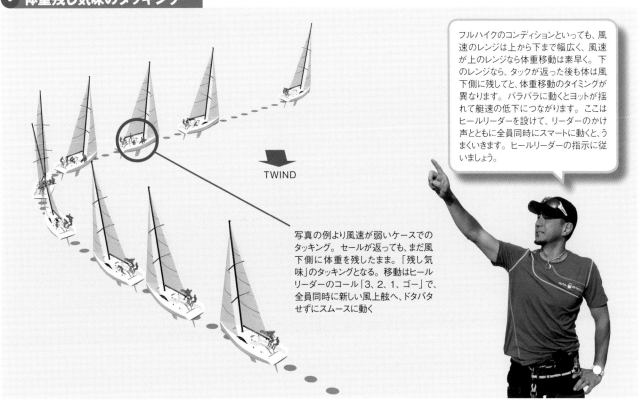

TWIND

フルハイクのコンディションといっても、風速のレンジは上から下まで幅広く、風速が上のレンジなら体重移動は素早く。下のレンジなら、タックが返った後も体は風下側に残すと、体重移動のタイミングが異なります。バラバラに動くとヨットが揺れて艇速の低下につながります。ここはヒールリーダーを設けて、リーダーのかけ声とともに全員同時にスマートに動くと、うまくいきます。ヒールリーダーの指示に従いましょう。

写真の例より風速が弱いケースでのタッキング。セールが返っても、まだ風下側に体重を残したまま。「残し気味」のタッキングとなる。移動はヒールリーダーのコール「3、2、1、ゴー」で、全員同時に新しい風上舷へ、ドタバタせずにスムースに動く

ロールタッキング

まずはタッキングの基本系、中風域でのタッキングを詳しく見てみた。それでは風が弱いとき、つまり軽風から微風時はどうなのか。コンディションが変わればタッキングのスタイルも大きく変わる。

まず、軽風時はもともと風下ウエートでヨットをヒールさせて走っている（13ページ参照）。ここからのタッキングなら、クルーも風下舷から風下舷へ体重移動することになる。その際、単に体重移動させるだけでなくヨットを大きくヒールさせる。これをロールタッキングという。

ヨットはバランス、というのは10ページから説明してきた。ロールタッキングでは特に体重移動のタイミングが重要になる。

● ロールタッキング

① 微風～軽風でのクローズホールド。ここではクルーは下ウエートで強制的にヒールさせ、適度なウエザーヘルムを保ちつつ走っている

ヘルムスマンがティラーを押してタッキング開始。ここでは、ヨットを回すためにもウエザーヘルムが必要となる

メインセールトリマーにとって微風とは、
・トラベラーはセンターより上
・メインシートは出し気味
・バックステイ未使用
で、アンダーパワーの状態です。
そこでまずは、艇が風位に向かうのに合わせてシートをつめていきます。

② 風位を越えるところで一気に体重移動。ヨットをロールさせる

ここでも、前ページで見たように、ヒールリーダーの掛け声とともに、全員そろってスムースに。ドタバタしない

ジブトリマーは、軽風時は舵利きが悪いためボートの回頭を助ける意味でジブシートのリリースを遅めにします。リリースが遅すぎると、逆ジブ状態になり艇速を落としてしまうので、要注意です。

③ ジブトリマーも一緒に移動し、ロールを助ける。ジブシートは持ったまま。ジブには裏風が入っている

メインシートトラベラーは、風位に立つあたりで新しい上側（この例では左舷）に上げる。メインセールがはらんだ瞬間にシートを出して加速させる。

④ ジブを返してシートを入れ替える。ヨットが新たな風下側にヒールすることでセールも返り、キールで漕ぐような形になって、回頭も早まるはずだ

これも、タッキングという作業中なので、ライフライン上段から胴体を艇外に出してハイクアウトすることが可能だ。ただし、クラスルールで、シュラウドをつかんではいけないなどと決まっていることもあるので注意

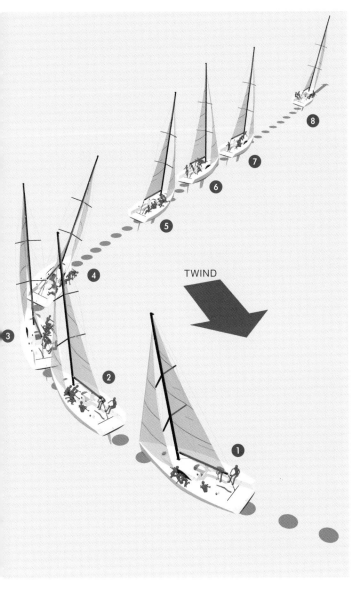

TWIND

新しいジブシートの引き込みは、一度大きく引き込んでからスピードビルドのため、いったんシートを緩める。微風時はより大きくシートを出す必要があるわけだが、タッキングの前にあらかじめジブカーを前に出しセール全体を深くし、よりパワフルにしてスピードビルド。もちろん、艇速が上がってきたら元の位置に戻す

メインシートも、スピードがついたら引きこんでいく。同時にトラベラーを微調整する

走り始めたところで、一気に風上に移動してヒールを起こす。これで再びキールで漕ぐような形になり、高さを稼げる

ジブトリマー、メインセールトリマーも体重移動でロールに加わっている

再び適当なヒールアングルを保って加速。風上を目指そう

強風なら

さて、強風時のタッキングはどうなるか。

艇速はあるのでタッキング後のスピード回復は早いが、タッキング前もタッキング後も、オーバーヒールするとリーウェイが大きくなって高さを失ってしまう。

そこで、ギリギリまでヒールを起こし、風位を越えるところで素早く移動し、即座に新たな風上舷でハイクアウトの体勢に移りヒールを起こす。と、ここでもクルーウエイトを有効に生かすことが重要になる。

波もあり、風の音で「レディータック」のコールが聞こえないかもしれない。ハイクアウトする隣同士で声を掛け合おう。

逆に、波に合わせて回頭を始めることも多いので、前からの波のコールをすることが重要になることもある。

風上舷から新しい風上舷へ、波を被り

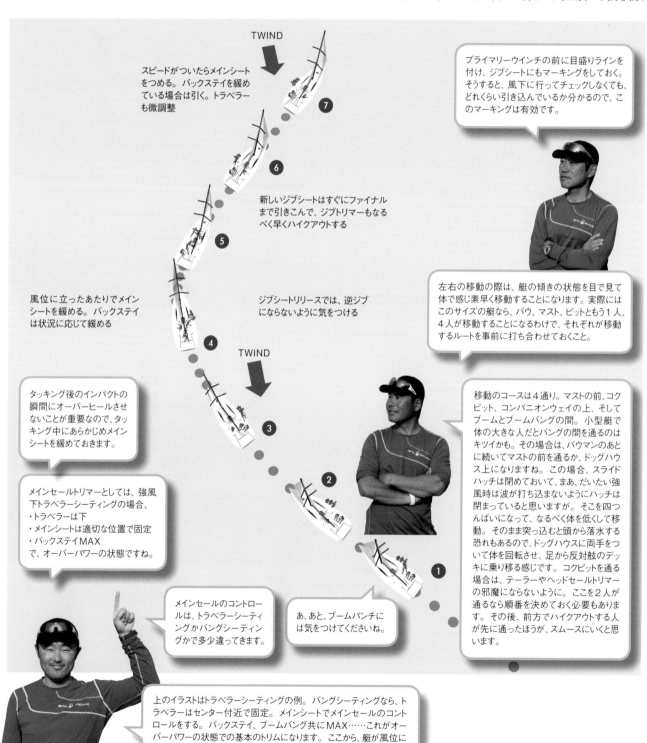

TWIND

スピードがついたらメインシートをつめる。バックステイを緩めている場合は引く。トラベラーも微調整

新しいジブシートはすぐにファイナルまで引きこんで、ジブトリマーもなるべく早くハイクアウトする

風位に立ったあたりでメインシートを緩める。バックステイは状況に応じて緩める

ジブシートリリースでは、逆ジブにならないように気をつける

TWIND

プライマリーウインチの前に目盛りラインを付け、ジブシートにもマーキングをしておく。そうすると、風下に行ってチェックしなくても、どれくらい引き込んでいるか分かるので、このマーキングは有効です。

左右の移動の際は、艇の傾きの状態を目で見て体で感じ素早く移動することになります。実際にはこのサイズの艇なら、バウ、マスト、ピットともう1人、4人が移動することになるわけで、それぞれが移動するルートを事前に打ち合わせておくこと。

タッキング後のインパクトの瞬間にオーバーヒールさせないことが重要なので、タッキング中にあらかじめメインシートを緩めておきます。

メインセールトリマーとしては、強風下トラベラーシーティングの場合、
・トラベラーは下
・メインシートは適切な位置で固定
・バックステイMAX
で、オーバーパワーの状態ですね。

メインセールのコントロールは、トラベラーシーティングかバングシーティングかで多少違ってきます。

あ、あと、ブームバンチには気をつけてくださいね。

移動のコースは4通り。マストの前、コクピット、コンパニオンウェイの上、そしてブームとブームバングの間。小型艇で体の大きな人だとバングの間を通るのはキツイかも。その場合は、バウマンのあとに続いてマストの前を通るか、ドッグハウス上になりますね。この場合、スライドハッチは閉めておいて、まあ、だいたい強風時は波が打ち込まないようにハッチは閉まっていると思いますが。そこを四つんばいになって、なるべく体を低くして移動。そのまま突っ込むと頭から落水する恐れもあるので、ドッグハウスに両手をついて体を回転させ、足から反対舷のデッキに乗り移る感じです。コクピットを通る場合は、テーラーやヘッドセールトリマーの邪魔にならないように。ここを2人が通るなら順番を決めておく必要もあります。その後、前方でハイクアウトする人が先に通ったほうが、スムースにいくと思います。

上のイラストはトラベラーシーティングの例。バングシーティングなら、トラベラーはセンター付近で固定。メインシートでメインセールのコントロールをする。バックステイ、ブームバング共にMAX……これがオーバーパワーの状態での基本のトリムになります。ここから、艇が風位に立つあたりでメインシートを緩め、バックステイも状況に応じて緩めます。タッキング後、スピードがついたらメインシートを引く。バックステイも緩めていたら引く……と、作業は多少シンプルになります。

揺れるデッキの上での移動では、誰がどこを通るか。その際、どこに手をかけてどう体を回して、と、艇種やクルー人数で様々だ。最も効率のいいルートと順番、体勢を見いだし確認し、頭と体にたたき込もう。

微風〜軽風ではロールタッキング。中風域でもロールを意識した体重残し気味のタッキングからタッキングの基本系。そしてさらに風域が上がり強風時のタッキングと、同じタッキングでもコンディションによってバリエーションは広い。単に舵を切って船を回してジブシートを引きこんで、という動作に加え、クルー全員の体重を上手く使ってボートバランスを保ち、よりスピードロスの少ない、高さを失わない勝利のタッキングを究めよう。

すべてのアクションはクルー全員で主導する。外洋ヨットによるレースは、チームワークを必要とする団体種目なのだ。

● Tips

ジブシートのリリース
ジブシートをリリースする際は、まず風速に合わせて巻き数を減らし、最後はシートを上方向に引き上げる感じで。モデル艇はセルフテーリングウインチを使っているが、爪が引っ掛からないようセルフテーリングでないことも多い。もちろん、ウインチハンドルは外しておく

ウインチハンドルにもいろいろある。用途によって適したものを選ぼう。

スピードグリップ
両手で回す際には力を入れやすい。ハリヤードウインチやジブシートなどに用いるプライマリーウインチにはこちら

ジブトリマーとしては40ftぐらいまでの艇ならスピードグリップが使いやすいですね。使いやすい長さは艇の艤装によって変わりますが、手足の短い私は8インチが回しやすく感じる場合が多いです。もちろんロック付き。ロックなしは、マッチレースのような突然タッキングが入るときなどはいいかもしれませんが、海に落とすことが多々あるので、おすすめできません。

8インチロック付き
ウインチハンドル
片手で回すのに適したグリップで、メインシートウインチにはこちらが使われることが多い

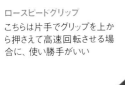

ロースピードグリップ
こちらは片手でグリップを上から押さえて高速回転させる場合に、使い勝手がいい

ダブルグリップ
両手で回す。アームの長さが10インチと長いもので、大型艇用

ジブでのジャイビング

風上に向かって風位を越えて回頭するのがタッキングなら、風下に向かって風位を越えるのがジャイビング。略してジャイブともいう。

通常、ダウンウインドレグではスピネーカーやジェネカーを展開してのジャイビングとなるが、スタート前の動きでは、ジブでのジャイビングというケースも出てくる。あるいはペナルティーターンなどでもジブでジャイビングとなる。そんなシーンを見てみよう。

ここでもクルーの体重移動は大きなポイントになる。今、ヨットは上りたいのか落としたいのか、舵を持つヘルムスマン、シートを操るトリマーの操作、クルーの体重が大きく作用する。

● ジャイビングも体重移動で

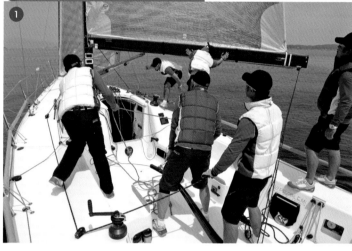

①

ジブでのジャイビング。これも体重移動をメインに見てみよう

メインはしっかり出して、ブームが返る瞬間までキッチリ風をつかんで艇速を落とさないようにしています。

②

まずは舵を切ってバウダウン。微風なのでメインシートを緩めただけではブームは出て行かない。ピットの和歌山がブームを押し出している

バウマンは風上舷（ここでは左舷）に移動

ここではピットの私がブームを押し出す係をしていますが、スピンジャイビングのときは手がふさがっているので、手の空いているマストマンがブームを押さえることになると思います。スピネーカーホイスト直後なら、マストマンも手がふさがっているかもしれず。となるとフローターの仕事になります。このあたりもチームワーク。たまにポジションを変えて練習すると、それぞれの役割が頭に入りスムースに作業分担できるようになると思います。

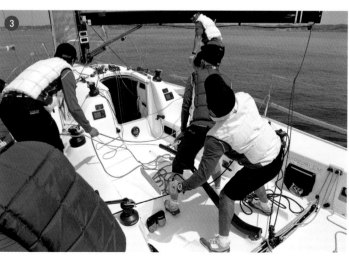

③

ジブトリマー、タクティシャンも風上舷（左舷）に移動し、ヨットをしっかりロールさせ、アンヒールで生じるリーヘルムでバウダウンを助けている。
ジブトリマーは自分の体重を生かすべく左舷側に位置して、右舷のジブシートをリリース、左舷を引くという動作を行っている

バテン入りのジブの場合、ジャイビング時に不用意にジブシートを緩めてしまうと、セールがヘッドステイの前に回ってしまいバテンが引っ掛かって返らなくなることも。最悪、セールを破いてしまうことすらあるので要注意。両舷のシートを緩めないように、左右のシートが綱引き状態になるようにタックを返しましょう。

● 体重残し気味のジャイビング

TWIND

① ② ③ ④ ⑤ ⑥

微風のときは、ブームが返ったあとにパンピングのようにあおる感じで。中型艇の場合はメインシートを束で持ってあおります。この動作により、ジャイビング後のバウアップと加速をしやすくします。

モデル艇のメインシートは、左右のデッキウインチに振り分けられたジャーマンスタイルというもの。人によっていろいろなやり方があると思いますが、私の場合は基本的に、風が強いときはできるだけ上側に立って位置するために、下側のウインチからシートを取るようにしています。軽風のときはどちらでも対応できますが、私はウインチに近いほうがシートの出し引きの操作がしやすいので、この場合はジャイビング前にロールをかける上側であり、ジャイビング後にロールをかける下側であるポート側のウインチを使用して、その付近でロールをかけました。
また、この艇はメインセールトリマーの位置がヘルムスマンの後ろであるため、スペース的にもこのほうが操作をしやすかったです。

メインセールトリマーはメインシートを引いてブームを返す。このときもヨットは左に傾いているので、ブームはセンターラインを越えれば勢いで左舷側に返りやすい

メインが返った。ここでいったん引き込んで風を入れる

これでジャイビング完了。ペナルティーターンなら、ここから加速しつつバウアップからタッキング。さらにジャイビングするなら、再びアンヒールさせてバウダウン、ジャイビングとなる

ペナルティーターン

　ここからさらにジャイビングするなら、再びアンヒールさせてバウダウン。上の図の①の状態がスターボードタックになって、ポートタックへのジャイビングをすることになる。

　あるいは、ペナルティーターンなどでそのまま回転を続けるなら、⑥からメインシー

ト、ジブシートを引き込んでタッキング。

　1回のジャイビングとタッキングで1回転となる。

　2回転目に進むなら、軽風時はロールタッキング後①に戻ることになる。

　強風時にはタッキング後にしっかりヒールを起こさないとバウダウンできないので

注意。もちろんブームパンチにも注意。

　ペナルティーターンのケースはそうそう多くないので、逆に普段の練習でクルー全員でトレーニングしておくことが重要だ。いずれも、舵の切り方、セールの返し方と同じくらい、体重の移動が重要であることを頭に入れてチームワークを磨いていこう。

第❷章 風上マーク回航

スタートして最初に目指すのが風上マークだ。その名の通り風上にある。
風上マークはアップウインドの終点であり、ダウンウインドの始点でもある。
マーク回航と同時に、アップウインド用のセールから、
ダウンウインド用のセールに張り替えることになる。

ダウンウインドセール

　風上マーク回航とともに展開するダウンウインドセール。一言でダウンウインドセールといっても、昨今はジェネカーなど様々なものが出現し普及している。セールのみならず、艤装も違うしマーク回航でのアクション自体が異なってくる。

　まずはダウンウインドセールの代表格であるスピネーカーから、その艤装とともにみていこう。

スピネーカー

　マストヘッドから展開するスピネーカーにノンオーバーラップジブ、という艇種が主流になりつつある中、バウポールにジェネカーという艇種も増えてきている。

　それでは、この後、スピネーカーはなくなる運命なのかというと、そんなことはない。なくなるどころか、バウポールもスピネーカーポールも両方装備して、バウポールから展開していたジェネカーをスピンポールに変えてバウダウンして……という、ハイブリッドといえるリグも出てきている今日このごろ。

　まずは、あらためて、スピネーカー艤装をみてみよう。

● スピネーカー艤装

まずは従来型の左右対称型スピネーカー。普通、日本で「スピン」といえばこちら。海外では「カイト」ということのほうが多いかもしれない。あるいは、「VMG」とか「コンマゴ」（クロスの重さが0.5オンスの意）などと、数あるスピネーカーの中での種類で呼び分けることも多い

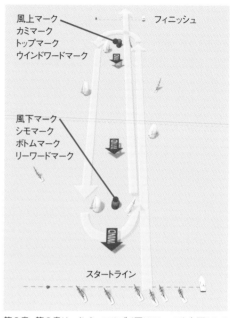

風上マーク
カミマーク
トップマーク
ウインドワードマーク

フィニッシュ

風下マーク
シモマーク
ボトムマーク
リーワードマーク

スタートライン

第2章、第3章は、インショアのブイ回りのレースを念頭にしている。スタートしてから、風上マーク、風下マークを周回するもので、ソーセージコースとも呼ばれる

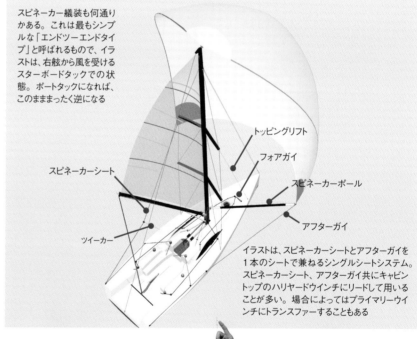

スピネーカー艤装も何通りかある。これは最もシンプルな「エンドツーエンドタイプ」と呼ばれるもので、イラストは、右舷から風を受けるスターボードタックでの状態。ポートタックになれば、このまままったく逆になる

トッピングリフト

フォアガイ

スピネーカーシート

スピネーカーポール

アフターガイ

ツイーカー

イラストは、スピネーカーシートとアフターガイを1本のシートで兼ねるシングルシートシステム。スピネーカーシート、アフターガイ共にキャビントップのハリヤードウインチにリードして用いることが多い。場合によってはプライマリーウインチにトランスファーすることもある

艤装のほうでの特徴は、スピネーカーポールの存在だ。略してスピンポール。単に「ポール」といえばスピネーカーポールのこと

エンドツーエンドタイプの艤装では、スピネーカーポールもスピネーカー同様、前後対称型で、両端は同じ形のソケットになっている。40ft以上の大型艇になると、スピネーカーポールを外して振り回すのが大変なので、マスト側は付けっぱなしで先端を左右に振る「ディップポール」方式になる

スピネーカーでのジャイビングについては後ほど詳しく。今回はスピネーカー展開で必要な艤装について、ジェネカーとの違いを見ていきます。

マストの上端から展開するマストヘッドスピネーカーの出現で変わったのは、ハリヤードの配置だ

このイラストは、旧来の基本パターン。Iポイント（ヘッドステイ付け根）には、左右のウイングハリヤードとセンターハリヤードが1本。計3本のハリヤードで、スピネーカーとジブ、さらにはジブ交換、スピンピール（スピネーカー交換）を行う

最近はこれにマストヘッドハリヤードが増えた。モデル艇は2本のマストヘッドハリヤードが設けられている。写真は赤いハリヤードで登ったクルーが写真を撮っているので、ほぼ上まで引かれた赤いハリヤードには外皮がない。ダイニーマ素材は紫外線にも強いので、ウインチが掛からない部分には外皮は必要ない

パターンとしては、左右のウイングハリヤードでジブハリヤードとスピネーカーハリヤードに、センターハリヤードをトッピングリフトにする

ジブ交換をするなら、反対舷のウイングハリヤードを使えばいい。ここでのポイントは、センターハリヤードはスピンハリヤードには使えないということ

マストヘッドスピンは、当然ながらマストヘッドハリヤードを使って揚げる。風速が上がりマストヘッドスピンを張りきれないようなコンディションなら、フラクショナルスピンの登場。で、Iポイント（フォアステイの付け根）のウイングハリヤードを使用。モデル艇は、ウイングハリヤードは右舷に1本のみ

そして、ヘッドステイの下にセンターハリヤードが1本。この下に別にトッピングリフトがあるので、基本的にジブはセンターハリヤードで揚げる

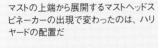

ハリヤード類はキャビン内に落とし込みますが、出ていくときに絡まないように注意。スピネーカーシートのテールもキャビンの中に落とし込んでコクピットの床をクリアに保ちますが、そのためにはコクピットサイドにポートホールがあるといいですね。シート類はそこからキャビン内に。コンパニオンウェイはハリヤードと、整理できます。

何本もあるハリヤード類、トッピングリフト、フォアガイ、あるいはブームバング、メインセールのアウトホール、カニンガムと、かなりの数のロープが集中するコクピット

左イラストの旧来の3本ハリヤード態勢とちょっと違っているが、マストヘッドスピンがメインになるので、ジブはセンターハリヤードで揚げるというコンセプトのもよう

ツイーカーはこんな感じ。コクピットで操作する。スピネーカートリマーはスピンシートに集中しているので、近くにいるピットやフローターが操作を担当することが多い

スピンランでは、ヘッドセールトリマーはスピネーカーシートの操作に集中する。この写真では、タクティシャンが後方の海面をチェックしつつアフターガイを持ち、ピットマンが左手でフォアガイ、右手でスピネーカーシートのウインチを巻いている。バウマン、マストマンも後ろに戻り、ブームバングを操作。あるいはマストサイドでメインシートのパンピングを手伝うこともある。デッキ上は大忙しとなる

ジェネカー

マストヘッドスピネーカーはサイズが大きいというだけの話で、これまでのフラクショナルスピネーカーと扱い方については基本的にはほとんど同じになる。とこ ろが、非対称スピネーカーとなると話は別だ。

まず、セールはその名の通り左右非対称。ここからasymmetric（非対称）の頭文字を取ってAセールと呼ばれ、ある いはスピネーカーとジェノアの中間ということからジェネカーと呼ばれる。以後、本書では、スピネーカー、スピンといえば対称スピネーカーのこと、ジェネカーといえば非対称スピネーカーのことを指す。

● ジェネカー艤装

こちらがジェネカー。左右非対称のその形状はいいとして、艤装のほうは、左右対称のスピネーカーとどう違うのか？

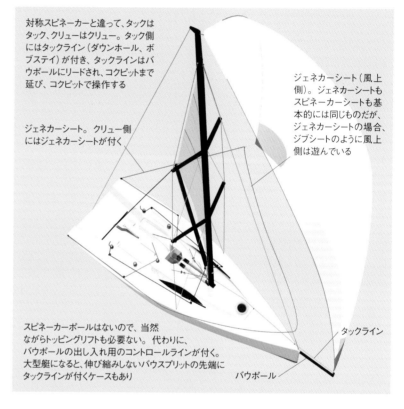

対称スピネーカーと違って、タックはタック、クリューはクリュー。タック側にはタックライン（ダウンホール、ボブステイ）が付き、タックラインはバウポールにリードされ、コクピットまで延び、コクピットで操作する

ジェネカーシート。クリュー側にはジェネカーシートが付く

ジェネカーシート（風上側）。ジェネカーシートもスピネーカーシートも基本的には同じものだが、ジェネカーシートの場合、ジブシートのように風上側は遊んでいる

スピネーカーポールはないので、当然ながらトッピングリフトも必要ない。代わりに、バウポールの出し入れ用のコントロールラインが付く。大型艇になると、伸び縮みしないバウスプリットの先端にタックラインが付くケースもあり

タックライン

バウポール

バウポールは出し入れ可能。アップウインドでは収納し、上マーク手前で出す

ポールを出すためのロープはコクピットまでリードされている。上マークへ向かう最終アプローチのスターボードタックで操作することになるので、風上舷となるスターボードサイドにリードされていることが多い

バウポールを収納した後、ポールを出すロープに、取り込んだジェネカーが引っ掛かって、次にポールを出せなくなっていることがあります。取り込んだ後はチェックをお忘れなく。

バウポールを引き込むときは、先端にリードされているタックラインを引っ張ることでジェネカーのタックと共にポールも後ろに下がる

左右対称のスピネーカー（前ページ）では、リーチとラフは赤と青（緑）に色分けされている。左右対称なので、どちらが右舷側に来てもいいわけで、ジャイブすればラフはリーチに、リーチはラフに変わる。あくまでもスピンバッグにセットするときなどにフット（通常白）と見分けやすいようになっている

ハリヤードを上げる前に、まずはジェネカーのタックをバウポール先端まで引ききる。モデル艇のバウパルピットは前端部が開いているのでジェネカーのタック側もスムースに出ていくが、この部分が閉じているタイプのバウパルピットだと、パルピットの上をかわさなければならないので、バウマンがリードしないと、うまく出ていかない

ジェネカーは左右対称ではないので、タックとクリューは明確に決まっている。フットはやはり白。タック側が青（緑）になっていることが多い。また、クリュー側には短いシートが付いていることが多いので、セットの際に間違えることはまずない

photo by Rolex / Carlo Borlenghi

これは固定式のバウスプリットの先端。バウスプリット先端から下に補強のボブステイが付く。バウスプリット先端からは左右2本のタックラインが出ており、ジェネカーピールに備える。右の写真の赤いほうは1/2のテークルになっていて、コードゼロのドラムが空回りしないようになっている

ジェネカー艤装は日進月歩。かなりバリエーションが広いので、シチュエーションごとに、おいおい紹介していきます。

ハイブリッド

　対称スピネーカーとジェネカー、それぞれを見る分には、艤装はさほど複雑ではない。しかし最近では、スピネーカーとジェネカーの両方の艤装を装備している艇も少なくない。もともと伸縮型のバウポールを装備した艇にスピネーカーポールも装備し、セールももちろんジェネカーとスピネーカーの両方を搭載する。

　中風域では、ジェネカーではどうしてもバウダウンしにくくなる。そんなコンディションでは、ジェネカーのまま、タックをスピンポールにセットしてポールバックさせることでバウダウンできるようになるし、さらにコンディションによってはスピネーカーを展開することもできる。スピネーカーとジェネカーの両刀遣いのハイブリッドともいえ、今回のモデル艇もそうした装備になっている。

● ハイブリッドとは

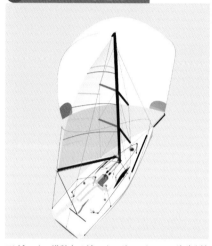

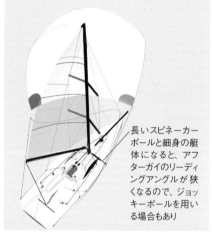

シートは両舷ともクリューに付くので、タックにはアフターガイが付く

長いスピネーカーポールと細身の艇体になると、アフターガイのリーディングアングルが狭くなるので、ジョッキーポールを用いる場合もあり

スピネーカー艤装（スピネーカーポールやフォアガイ）を持ちながら、バウポールも装備し、ジェネカーも展開できるタイプ。モデル艇A35もこれ。イラストは、ジェネカーを展開しているところ

左の状態から、風速が上がってバウダウンしたくなったら、スピネーカーポールをセットし、タックをスピネーカーポールの先端にリードする。これでポールバックできるようになる

あるいはイラストのように、通常のスピネーカー艤装のみ（バウポールなし）の艇で、スピネーカーポールを使ってジェネカーを展開することもできる。この場合、通常よりもかなり長いスピネーカーポールを装備するケースもある

メインセール

アップウインドでもダウンウインドでも揚げっぱなしのメインセール。メインセールの艤装に関しても、さまざまな工夫がされている。

ノンオーバーラップジブの場合、左右のシュラウド間隔が広いスウェプトバックスプレッダーのフラクショナルリグとなり、カーボンマストも珍しくはなくなってきた。

帆走中にハリヤードが緩まないようにマストヘッドでロックできるようになっていた

り、セール側にブロックを付けてみたり。あるいは、スクエアヘッドのメインセールをかわせるようにバックステイが左右に分かれていたり。ちょっと、IOR時代に戻ったような感じでもある。

● メインセール艤装

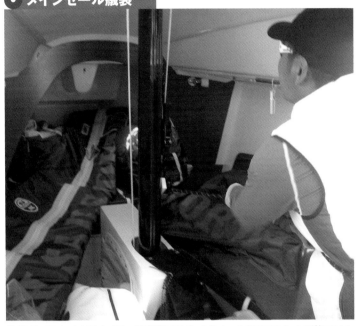

仮のブロックを通してプライマリーウインチでメインハリヤードを巻き上げる。メインセールを揚げきったら、メインハリヤードはコイルしてキャビン内に収納。コクピットはスッキリするし、多少なりとも重心を下げる効果もあり

ジブのラフテンションはジブハリヤードで調節するが、メインセールのラフテンション調節はカニンガムホールで行う。となるとメインハリヤードは、いったん上げたら固定でいいので、このようにキャビン内にリードされているケースも多い。
この場合、メインハリヤードはマストのジャマーで留めることになるが、しっかり留めないと強風時にはずり落ちてしまうことも。そこでマストトップでロックするシステムもあり。あるいはセール側にブロックを付けて1/2に減力することで、ハリヤードは半分の強度で済む。メインセールを揚げきった状態ではマスト内に残るのは1本のみ。デッキには倍の長さのハリヤードが余ることになるが、重心は下げられる

ポートホール。よっぽどの強風でない限り、スピネーカーシートはここからキャビン内に落とし込む

photo by Yoichi Yabe

マストヘッドに設けられたバテンフリッカー。メインセールのリーチがバックステイに引っ掛からないように、バックステイにテンションがかかっていないときはバックステイを後ろへ引き上げる

通常は左写真のようにマストトップクレーン後端からバックステイが下へ延びるが、右写真のようなスクエアヘッドのメインセールになると、これでは到底かわすことができなくなってしまう。そこでバックステイを左右両舷に分けることになる。この場合、タッキングやジャイビングごとにカミ、シモのバックステイを入れ替えなければならない

ベアアウェイセット
（スピネーカー編）

スピネーカーとジェノアの違いを確認したところで、これらダウンウインドセールを展開する最初の見せ場、風上マーク回航に移ろう。

風上マーク回航はその航跡から、ベアアウェイセットとジャイブセット（53ページ参照）に分けられる。基本の動作は既刊の『クルーワーク虎の巻』を見ていただくとして、今回はスピネーカーとジェネカーでの違いを中心に、まずはスピネーカーでのベアアウェイセットから。

通常のフリートレースでは各マークはポートラウンディング——マークをポートサイド（左舷）に見て回航する。

回航後そのままベアアウェイして走り続けるのが、ベアアウェイセット。風上マーク回航の基本形だ。スターボードタックとなるからスピネーカーは左舷側から展開、となる。

クルーとしては、どうしてもスピネーカーを展開することに気を奪われてしまいがちだが、ここで最も重要なのはマークを回ること。そのうえで、素早く、ミスなくスムースにスピネーカーを展開しなければならないという任務も帯びていることになる。

● スピネーカーの準備

最初の風上マーク（イチカミ）と、一周回って次の風上マーク（ニカミ）とでは、段取りが多少違ってくる。まずはイチカミを目指し、セールやシート類の準備はスタート前に済ませておく

スターボードタックで展開するので、スピネーカーポールは右舷側にセット。右舷側のシートがアフターガイとなるので、最初からスピネーカーポールのジョーに噛ませてある

スピネーカーは、タック、クリュー、ピークの3点を出してバウハッチに収納。絡んでいないか、右舷側の青テープと左舷側の赤テープをたぐってさばき、フットの目印となる白テープ側からキャビンの中に落とし込む

スピネーカーは左右対称なので、緑のテープ側も赤のテープ側も、どちらが右舷でも左舷でもいいのだが、気分的には緑がスターボード（右舷）側になるようにセット。この写真では、前（写真の下）から、緑（タック）、ピーク、赤（クリュー）とし、ハッチを閉める。この写真は前から見たところ。ジブがあるほうがポートサイド。シート、ガイ、ハリヤードは、この時点でセットしてある

スピネーカーはポートサイドから揚がる。モデル艇ではポートサイドのマスヘッドハリヤードがスターボードサイド側から引けるようにマスト内でクロスさせてある。従って、ホイスト時には風上舷となるスターボードサイドから引けることになる

ハリヤードをクロスさせていないなら、スターボード側のハリヤードを使うことになる。その場合は、ヘッドステイの外を回してポート側に回しておく

レースが始まったら、バウマンもなるべく前には行かないで済むように。これはサボっているわけではなくて、船のバランスを崩さないようにするためです。そのためには、事前の準備が重要ってことですね。

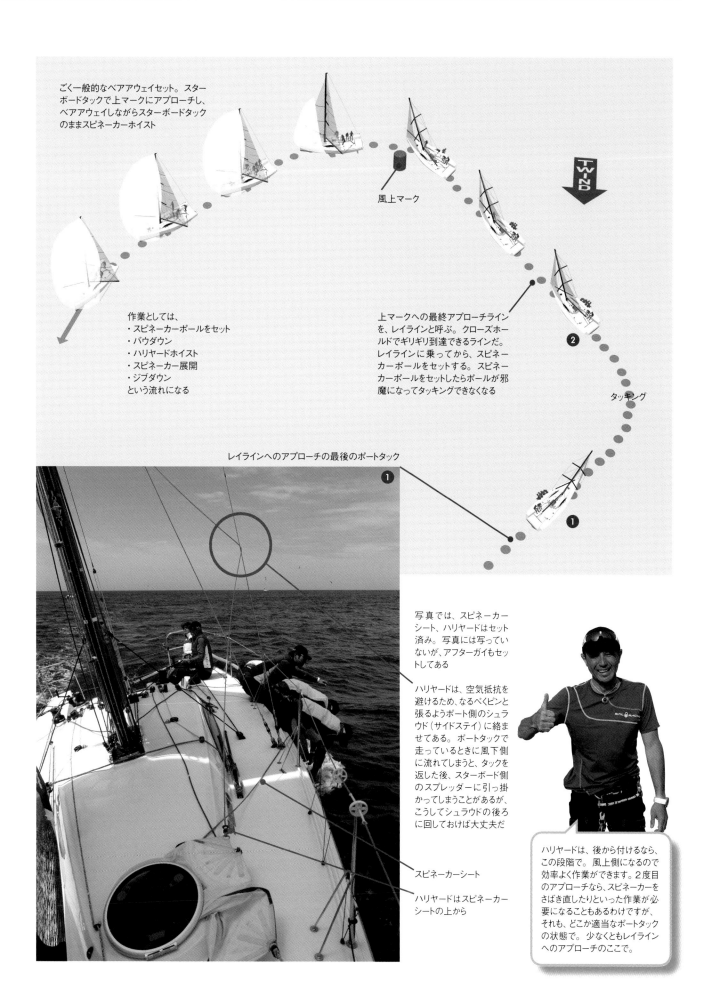

ごく一般的なベアアウェイセット。スターボードタックで上マークにアプローチし、ベアアウェイしながらスターボードタックのままスピネーカーホイスト

風上マーク

TWIND

作業としては、
・スピネーカーポールをセット
・バウダウン
・ハリヤードホイスト
・スピネーカー展開
・ジブダウン
という流れになる

上マークへの最終アプローチラインを、レイラインと呼ぶ。クローズホールドでギリギリ到達できるラインだ。レイラインに乗ってから、スピネーカーポールをセットする。スピネーカーポールをセットしたらポールが邪魔になってタッキングできなくなる

タッキング

レイラインへのアプローチの最後のポートタック

② ①

写真では、スピネーカーシート、ハリヤードはセット済み。写真には写っていないが、アフターガイもセットしてある

ハリヤードは、空気抵抗を避けるため、なるべくピンと張るようポート側のシュラウド（サイドステイ）に絡ませてある。ポートタックで走っているときに風下側に流れてしまうと、タックを返した後、スターボード側のスプレッダーに引っ掛かってしまうことがあるが、こうしてシュラウドの後ろに回しておけば大丈夫だ

スピネーカーシート

ハリヤードはスピネーカーシートの上から

ハリヤードは、後から付けるなら、この段階で。風上側になるので効率よく作業ができます。2度目のアプローチなら、スピネーカーをさばき直したりといった作業が必要になることもあるわけですが、それも、どこか適当なポートタックの状態で。少なくともレイラインへのアプローチのここで。

● ポールセット

最後のスターボードタック。このまま風上マークに到達できるか否かはきわめて重要だ。となると、クルーにとって最も重要な仕事は、ハイクアウトすること、ヒールを起こすこと、となる

このまま風上マークを回ることができる――レイラインに乗ったところでタイミングを見てスピネーカーポールをセット

バウに行くときは、ピットマンに声をかけて連携した動作を心がけましょう。ポールが上がっていく状態を頭に描けていれば、すんなりいくはずです。

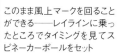

ピットマンはハイクアウトしたまま、トッピングリフトを引く。フォアガイは事前にセット済みでなければ、緩めないとポールは上がらない。マストマンはアフターガイが出ていくように送ってあげる
バウマンはスピネーカーポールのセット。トッピングリフト、フォアガイ、アフターガイもセット済みなので、ピットマンが後ろでトッピングリフトを引けばポールは持ち上がる。バウマンはスピネーカーポールをマスト側に留めるだけ

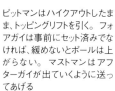

ポールセットの作業中も、必要外のクルーはとにかくハイクアウト。特に高さが必要な状況なので、ヒールを起こすことが重要だ

バウマンが今何をしようとしているのか、常に頭に入れて後ろからアシスト。もちろんハイクアウトは最重要なので、バウマンの動きに気を取られて無意味に体を起こさないように。

風下から見るとこんな感じ。まだスピネーカーはバウハッチの中に入っている。この状態で、風上マークまでまだ距離があるようなら、バウマンもいったんハイクアウトに戻る

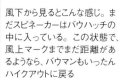

マークが近づいたら、いよいよホイスト準備

バウハッチを開けてスピネーカーをある程度引き出す

まずはアフターガイ（タック側）を引き、タックがスピネーカーポールの辺りまで行くように。これがガイ・スニークという動作。コンディションによってはハリヤードもスニーク。このとき、バウマンはセールが風で飛ばされないように押さえる

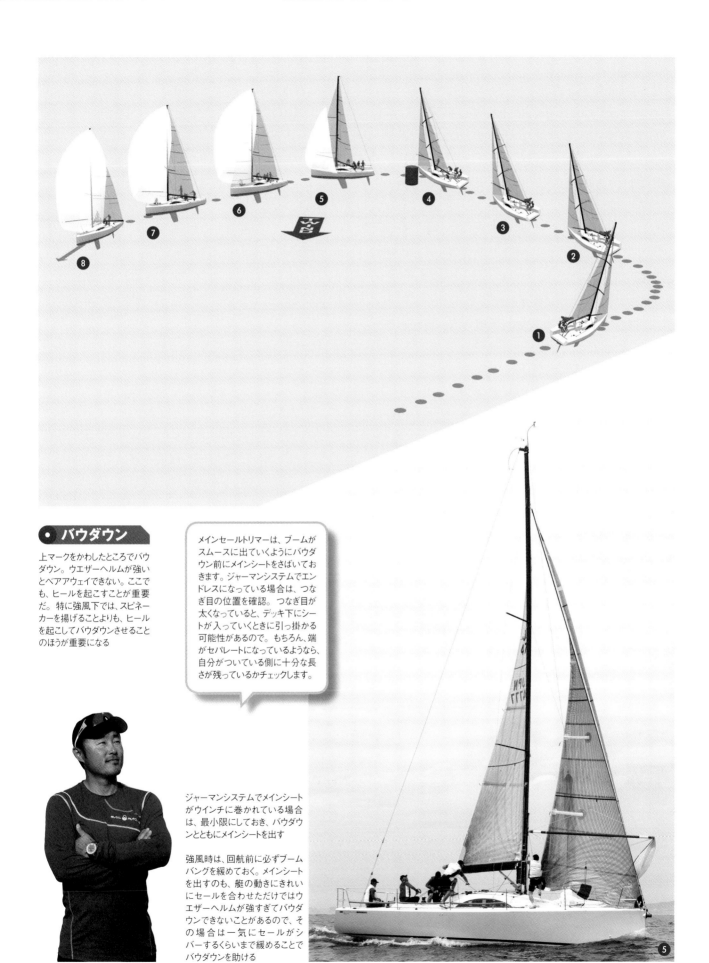

● バウダウン

上マークをかわしたところでバウダウン。ウエザーヘルムが強いとベアアウェイできない。ここでも、ヒールを起こすことが重要だ。特に強風下では、スピネーカーを揚げることよりも、ヒールを起こしてバウダウンさせることのほうが重要になる

メインセールトリマーは、ブームがスムースに出ていくようにバウダウン前にメインシートをさばいておきます。ジャーマンシステムでエンドレスになっている場合は、つなぎ目の位置を確認。つなぎ目が太くなっていると、デッキ下にシートが入っていくときに引っ掛かる可能性があるので、もちろん、端がセパレートになっているようなら、自分がついている側に十分な長さが残っているかチェックします。

ジャーマンシステムでメインシートがウインチに巻かれている場合は、最小限にしておき、バウダウンとともにメインシートを出す

強風時は、回航前に必ずブームバングを緩めておく。メインシートを出すのも、艇の動きにきれいにセールを合わせただけではウエザーヘルムが強すぎてバウダウンできないことがあるので、その場合は一気にセールがシバーするくらいまで緩めることでバウダウンを助ける

● ホイスト

ホイスト——スピネーカーハリヤードを引き上げる。ここでは、ハリヤードを引くスピードが重要なので、マストサイドで体重も使って引く。この動作をバウンスという。通常はマストマンが行うが、6人乗りなのでここではバウマンがマストにもついている

ポート側のマストヘッドハリヤードを使っているが、前述のようにマスト内でクロスさせてあるので、デッキサイドではスターボード側からハリヤードが出ている。ここでも、まだヨットをフラットに保つことが重要なので、なるべく体は風上に位置させるということだ

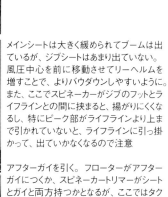

7人乗りならハリヤードのバウンスはマストマンにまかせて、バウマンはバウハッチのところで出ていくスピネーカーをさばきます

メインシートは大きく緩められてブームは出ているが、ジブシートはあまり出ていない。風圧中心を前に移動させてリーヘルムを増すことで、よりバウダウンしやすいように。また、ここでスピネーカーがジブのフットとライフラインとの間に挟まると、揚がりにくくなるし、特にピーク部がライフラインより上まで引かれていないと、ライフラインに引っ掛かって、出ていかなくなるので注意

アフターガイを引く。フローターがアフターガイにつくか、スピネーカートリマーがシートとガイと両方持つかとなるが、ここではタクティシャンがアフターガイについている

ピットマンはコクピットでハリヤードのテーリング。実際はマストマンがフルスピードでバウンスし、ピットマンは、たるみを取っているという感じ。ジャマーは掛けてウインチに2巻きし、弾み車のようにウインチを使う

私は、40ft艇くらいまではウインチに巻かずにジャマーを閉じた状態で素引きにしています。引くほうはマストでガンガン引いているので、ピットではたるみを取るだけなので。

スピネーカーシートを引き、スピネーカーに風を入れる

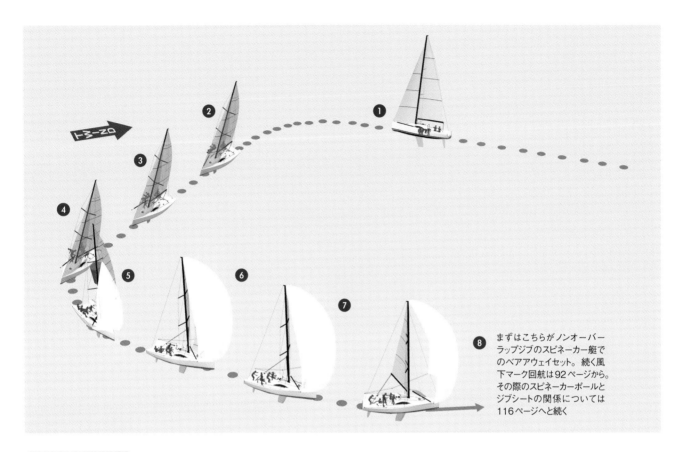

まずはこちらがノンオーバーラップジブのスピネーカー艇でのベアアウェイセット。続く風下マーク回航は92ページから。その際のスピネーカーポールとジブシートの関係については116ページへと続く

● ジブダウン

スピネーカーが揚がりきる直前にジブダウン。フットがライフラインの中に入っていれば、すんなりデッキの上に降りてくるはずだ。ハリヤードテーリングをしているピットマンからすれば、「スピネーカーが揚がりきる直前」ということは、まだハリヤードを引いているということ。ここで素早くジブハリヤードに手を伸ばすことになる

ジブハリはウインチから外してジャマーを半分開けておけば、さっと手を伸ばすだけでジブハリカットできます。誰か手が空いていればやってもらうのが一番いいんですけどね。

強風時は、スピネーカーが揚がりきってもジブは降ろさず、しばらくそのままにすることも多い。スピネーカーをはらませるに十分な風は吹いているわけだから、まずはヨットを安定させて走ること。慌てて前に行ってブローチングしてしまっては元も子もない。ジブは、安定して走り始めてから降ろせばいい。このあたりも、アクション前にクルー同士で確認しておきたい

最後はバウマンが、ジャイビングできる状態か確かめて「レディー・トゥー・ジャイブ」のコールを出したところで、上マーク回航の作業は終わり。さあ、ダウンウインドレグの始まりだ

ベアアウェイセット
（ジェネカー編）

スピネーカーを用いたベアアウェイセットも、艇の大小や艤装の違いで段取りはそれぞれ違ってくる。ジェネカーになればなおさらで、スピネーカーポールをセットする必要はない代わりに、バウポールをセットする必要がある。スピネーカーでのケースとの違い、艇種での違い、風速での違いも含めてもう少し細かく見ていこう。

ハリヤードのセット

風上マークへのアプローチも、基本的には前ページで紹介したスピネーカーと同じ。ただし、ジェネカーのタックにはタックラインが、クリューには左右のジェネカーシートが付く。

スピネーカーとジェネカーとの両方を持つ艇なら、スピネーカーシートがジェネカーシートになるわけだ。

さてここで、どの段階でハリヤードを付けるかという問題が出てくる。これはスピネーカーとジェネカーとの違いというより艇のサイズの問題でもあるが、ジェネカーの場合、回収用のリトリーブラインが付いていることも多い。このリトリーブラインは回収後フットに沿わせてタック側にリードしておかなければならない。そのためには、回収後はいちいちジェネカーをさばかなければならないことになる。

となると、ジェネカーを回収したらハリヤードもいったん外してマストに沿わせておくというケースが多くなる。

逆に、スピネーカーが1枚しかない小型艇（J／24など）では、最初から最後までハリヤードは付けっぱなし、それも直接セールに結んでしまったりする。

ここでのポイントは、
・ボートバランス
・ウインディッジ（風圧面）
の二つだ。

大型艇ほど、空気抵抗が気になるし、小型艇ほど、バウマンが動いてハイクアウトを抜けることによるボートバランスの変化が気になる。

そこで、大型艇では、ハリヤードは外してマストに沿わせて留めることで空気抵

● ジェネカーでの上マーク回航

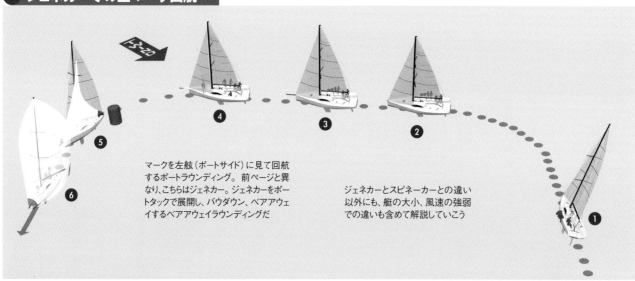

マークを左舷（ポートサイド）に見て回航するポートラウンディング。前ページと異なり、こちらはジェネカー。ジェネカーをボートタックで展開し、バウダウン、ベアアウェイするベアアウェイラウンディングだ

ジェネカーとスピネーカーとの違い以外にも、艇の大小、風速の強弱での違いも含めて解説していこう

● ジェネカーのセット

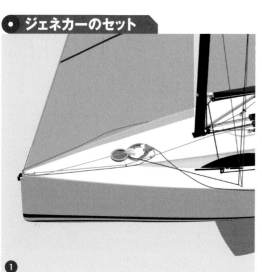

各ロープ間の上下関係に注意
・風上舷となるジェネカーシート（イラストでは右舷の緑）がハリヤードの内側。ハリヤードは外側で一番上。これで内回しのジャイビング（44ページ）になる
・ジェネカーシートはシュラウドの外、タックラインのデッキに沿っている部分は一番下

イラストはハッチホイストで、すでにバウハッチにジェネカーはセットされている。艇種によっては、いちいちバッグに詰め直すバッグホイストのケースもあり。ホイスト途中で風をはらまないようにセールをヤーンすることもある（65ページ参照）。あるいは、バッグごとハッチにセットするケースもあり。それぞれのケースごとにハリヤードをどのタイミングで付けるかも、さまざまなパターンがある。ハリヤードを付けっぱなしにする場合も、なるべく空気抵抗を減らすよう、シュラウドの根元に沿わせてセットする。シュラウドの付け根にスナップシャックルを付けて、そこにハリヤードをセット。細いコードをスターボードサイドまでリードして、最終アプローチでハイクアウトしたままリリースできるようになっているケースもある

ハリヤードを付けるなら、レイラインにアプローチする最後のポートタックのレグ（①）で。ジブが邪魔にならず、楽に風上舷で作業できます。

抗を軽減し、小型艇では、ハリヤードは付けっぱなしにしてバウマンの移動をなくしボートバランスを重視することが多い。

あるいは、最初の上マークまではハリヤードは外しておき、下マークでスピネーカーを回収した後はハリヤードは付けっぱなしというケースもある。

ケース・バイ・ケースで自艇の法則を編み出していこう。

バウポールを出す

レイラインに乗ったらバウポールを出す。これも、艇種によって段取りが違ってくる。

小型艇では、タックラインを固定した状態でバウポールを出せば、タックラインも引かれて自動的にジェネカーのタックはバ

ウポールの先端まで出ていく。ジェネカー回収時もタックラインはカムしたままでセールを取り込めば、バウポールは収納される。そのままカムしておけば、次の上マークでは、バウポールを出せばタックラインも引き出されることになる。

特に、クラスルールで、風上マークに差し掛かってからしかバウポールを出すことができないように規定されている場合は、ワンアクションでジェネカーホイストまでつなげたいので、バウポールを出す作業もスムースにこなせる必要がある。

一方、大型艇ではそうもいかない。バウポールを出すだけでもかなり重く、ジェネカーのタック部分がバウパルピットと干渉するなどすれば抵抗が大きく、バウポール

を一気に出すことが難しくなる。

そこで、レイラインに乗ったらバウポールを出し、続けてタイミングを見てタックラインを引くという段取りになる。

タックラインを引く際には、バウマンがセールを送っていきつつ風をはらまないように押さえておく必要がある。

下マークでの取り込み時にはタックラインもフリーにし、バウポールはバウマンがタックラインをつかんで引き込む。タックラインはそのままカムしておけば、次の上マークでは、そのままでバウポールを前に出すだけの余りは残っているはずだ。逆に、スタート前にその位置までタックラインは余らせておく。

レイラインに乗ったらバウポールを出す（③）。マークが近づいたらタックラインを引いてジェネカーのタックがバウポール先端まで来るように（④）。艇種によってはこの作業をワンアクションで、マークに到達してから行うケースもある。28ページでは単に、バウポールを出して……と説明したが、艇種によってだいぶ違ってくる。

艇種によっては、タックラインをこの状態でクリートしておけば、バウポールを前に出すだけで、タックラインとジェネカーのタックも同時に引っ張られて、ワンアクションでこの状態に。

● バウポールの展開

左ページ下のイラスト①からタッキングすると、こうなる。バウポールはまだ収納された状態。タックライン（緑）を緩めておかないと、バウポールは前に出ない

バウポールを出すとタックラインもズルズル出ていく。逆に言えば、ジェネカーを取り込んだ状態でタックラインをクリートしておけば、ちょうどこの長さになる

続けてタックラインを引ききり、ジェネカーのタックがバウポールの先端まで出たところでクリートする。バウマンがセールを押さえておかないと風をはらんでしまう

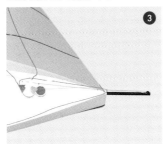

バウダウンとともにハリヤードホイスト。大型艇では、あらかじめジェネカーのピーク側とタック側をヤーンしておき、ホイスト途中で風をはらまないようにすることも。（65ページ）あるいは、最初のホイストだけヤーンしておくなど、パターンはいろいろだ。スピネーカーシートはまだまったく引かれていない。ジブシートも出ていない

写真ではジェネカーがジブのクリューのあたり、マストの横あたりから出てきてしまっているが、もっと前、なるべくフォアステイ寄りから出ていくようにバウマンが手で送り出す。ここではバウの伊藝がマストマンとしてハリヤードバウンスをしてしまっているので、こうなっている

軽風時は、ジェネカーが揚がりきる前にジブダウン。ジェネカーに風が入りやすいように。さあ、ダウンウインドレグの始まりだ

バウダウン〜ホイスト

　風上マークを回ったら、バウダウンとともにジェネカーハリヤードのホイストだ。

　ホイスト自体はスピネーカーもジェネカーも同様に、マストマンがマストサイドでハリヤードをバウンスし、ピットマンがコクピットで引き込む。スピードが重要であるのは言うまでもない。

　軽風時は、スピネーカー、ジェネカーともに、回航後はアングルをつけて走ることになるのでメインシートは出しすぎないように。回航後は速やかにバックステイ（あるいランナー）、使用していればカニンガム、アウトホールを緩めてメインセールのドラフトを深くする。メインシートは当然メインセールトリマーの仕事。バックステイもメインセールトリマーが操作することが多い。カニンガム、アウトホールは、ピットマンあるいはマストマンがホイスト終了後、手を伸ばすこともあれば、フローターが操作することもある。

　強風時は、バウダウンしにくくなるので、回航前に、バウダウンに必要なだけブームバングを緩めて、メインセールから風を抜いてやる。ブームバングに誰がつくのか、あらかじめ決めておこう。メインセールトリマーは、艇の動きにきれいにメインセールを合わせただけではバウダウンできないことがあるので、一気にセールがシバーするくらいまで緩める。回航後はブームバングを適正な位置に調整する。

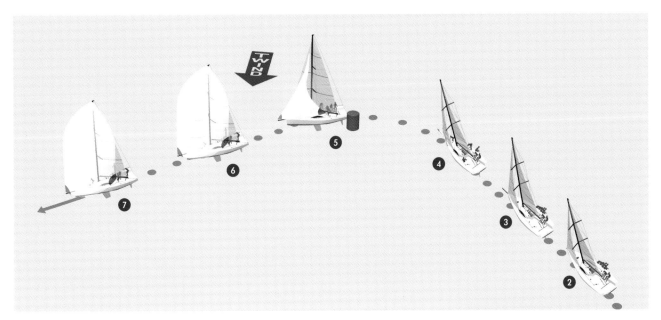

また、バックステイ、カニンガム、アウトホールは速やかに緩めるが、強風時は、バックステイを完全に緩めてしまうとマストが逆ベンドしてしまうので注意しよう。

トランスファー

スピネーカーでのベアアウェイセットと同様、ジェネカーでもジブシートは大きくリリースしない。スピネーカーシートはドッグハウス上のハリヤードウインチを使うことが多いが、ジェネカーではデッキのプライマリーウインチを使うケースも多い（写真ではハリヤードウインチを利用）。

プライマリーウインチを使う場合、風下側のプライマリーウインチはジェネカーホイスト

までではジブシートでふさがっている。なんらかの方法でジブシートとジェネカーシートを入れ替え（トランスファー）しなければならない。

マーク回航後、ジブシートは大きく緩めることはないので、短いシートを別に用意しておき、マーク回航直前にセット。バウダウンが始まったらジブシートは一気に緩めてしまっても、この短いシートでジブシートをわずかに出した状態でキープされる。バウダウン〜ハリヤードホイスト〜ジェネカーシートインまでは時間があるので、その間にジェネカーシートをプライマリーウインチに掛ければいい。

このときの短いシートをホブル（hobble）という。

● ホブル

写真では、ジェネカーシートをハリヤードウインチで巻いているが、プライマリーウインチを使う場合は、ジェネカーホイスト時にジブシートとジェネカーシートをトランスファーする必要がある。下のイラストはホブル（短いシート）を直接ジブのクリューに付けているが、ジブシートの途中に小さなアイを編み込み、そこにホブルを付けるようにすれば、ヘッドセールトリマーの手元で操作できる。いずれにしても、バウダウン〜ホイスト〜ジェネカーシートを引く、と、ここまでちょっと間があるので、時間的な余裕はある

ポート側に、ホブルと呼ばれる短いシートを用意。先端にはスナップシャックルを付けておく

最後のアプローチでヘッドセールトリマーが下（しも）へ下りたところでホブルをセット

バウダウンでジブシートをリリースしてプライマリーウインチを空けても、ホブルでジブは止まる

41

VMGとベストアングル

VMG（Velocity Made Good）についてはご存じだろうと思うが、もう一度確認しておこう。

クローズホールドでは、上れば艇速は落ち、落とせば艇速が増す。風上マークへ向かうアップウインドのレグで重要なのは、上り角度や艇速よりも、風上への接近速度だ。これがVMG。VMGが最大になる角度と艇速で走ることが、より早く風上マークに到達する近道となる。

ダウンウインドでも同様に、風下マークへの接近速度（VMG）が重要になる。

特にダウンウインドでは、角度（セーリングアングル）の違いによる艇速差は大きい。見かけの風は艇速の増減でも大きく変化するので、最大VMGの状態で走り続けるのはなかなか難しい。

最大VMGでのセーリングアングルをベストアングルと名付けよう。

艇種が違えばベストアングルは大きく違ってくるし、スピネーカーとジェネカーと

でも大きく異なる。風速によって最大VMG自体も違うので、スピネーカーとジェネカーとの両方を持つハイブリッドでは、セール選択が重要になる。

回航直後のアングル

そのときの風速、艇種、セールに合わせた最大VMGの出るベストアングルが分かったところで、マーク回航直後はどうなるか。

軽風時は、スピネーカー、ジェネカーとも

● VMG

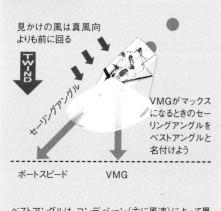

見かけの風は真風向よりも前に回る

セーリングアングル

VMGがマックスになるときのセーリングアングルをベストアングルと名付けよう

ボートスピード　　VMG

ベストアングルは、コンディション（主に風速）によって異なる。同じコンディションでも、スピネーカーとジェネカーとではまたベストアングルが大きく違ってくる

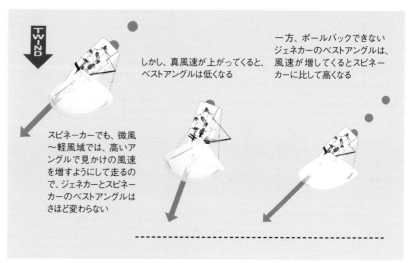

しかし、真風速が上がってくると、ベストアングルは低くなる

一方、ポールバックできないジェネカーのベストアングルは、風速が増してくるとスピネーカーに比して高くなる

スピネーカーでも、微風～軽風域では、高いアングルで見かけの風速を増すようにして走るので、ジェネカーとスピネーカーのベストアングルはさほど変わらない

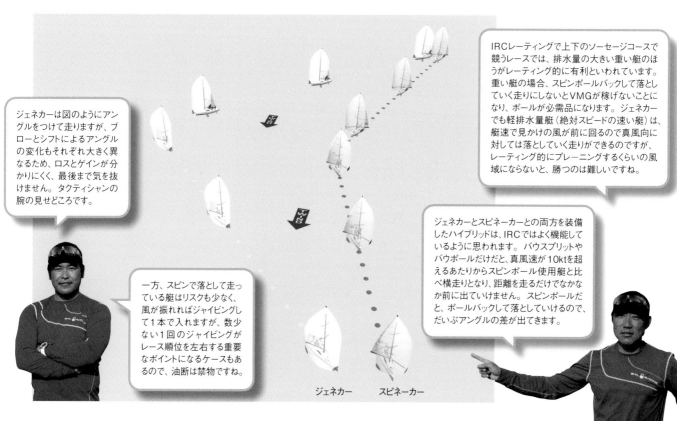

ジェネカーは図のようにアングルをつけて走りますが、ブローとシフトによるアングルの変化もそれぞれ大きく異なるため、ロスとゲインが分かりにくく、最後まで気を抜けません。タクティシャンの腕の見せどころです。

IRCレーティングで上下のソーセージコースで競うレースでは、排水量の大きい重い艇のほうがレーティング的に有利といわれています。重い艇の場合、スピンポールバックして落としていく走りにしないとVMGが稼げないことになり、ポールが必需品になります。ジェネカーでも軽排水量艇（絶対スピードの速い艇）は、艇速で見かけの風が前に回るので真風向に対しては落としていく走りができるのですが、レーティング的にプレーニングするくらいの風域にならないと、勝つのは難しいですね。

一方、スピンで落として走っている艇はリスクも少なく、風が振れればジャイビングして1本で入れますが、数少ない1回のジャイビングがレース順位を左右する重要なポイントになるケースもあるので、油断は禁物ですね。

ジェネカーとスピネーカーとの両方を装備したハイブリッドは、IRCではよく機能しているように思われます。バウスプリットやバウポールだけだと、真風速が10ktを超えるあたりからスピンポール使用艇と比べ横走りとなり、距離を走るだけでなかなか前に出ていけません。スピンポールだと、ポールバックして落としていけるので、だいぶアングルの差が出てきます。

ジェネカー　　スピネーカー

に早くはらませてスピードをつけるためには、ベストアングルよりもやや高く走る。

強風時、スピネーカーの場合は、スピネーカーがはらむ瞬間に上りすぎているとオーバーヒールでブローチングの可能性があるので、しっかりとランニングまでバウダウンさせること。

逆に、セールがはらむ瞬間に落としすぎていると、アンヒールしてこれまたブローチングする可能性があるので、ベストアングルよりもわずかに上らせた艇が安定するアングルでスピネーカーをセットする。

ジェネカーの場合は、もともとベストアングルが高めなので、そのアングルではセールが風をはらむ瞬間にオーバーヒールでブローチングする可能性がある。セットの瞬間はベストアングルよりもやや低めに走る。ジェネカーがはらむ瞬間に舵で下に

いなすことも必要だ。

ジブダウン

バウポールやバウスプリットから展開するジェネカーの場合、スピネーカーと異なりポールバックができないので、ジブが邪魔になってジェネカーに風が入りにくい。

スピネーカーホイスト後も即座にジブを降ろすわけだが、ジェネカーの場合はここがさらに重要になり、ジェネカーが揚がりきる直前にジブを降ろす。ピットマンはまだジェネカーハリヤードを引いているところなので、別のクルーがジブカットに入る。スピネーカーと異なりアフターガイがないので、一人手が空いているはずだ。

強風時は、スピネーカーと同様、ジブダウンを急ぐ必要はない。安定するまではウエートバック。バウマンが最後尾まで下

がることもある。

ステイスル

艇によってはここからステイスルを展開することも多い。

ステイスルとは、メインセールとジェネカーとの間に展開する三角帆で、ファーリング状になっており、巻き込んだ状態のままハリヤードで揚げてから展開する。

バウスプリットからジェネカーを展開する、あるいはスピネーカーでもロングスピネーカーポールだと、マストからジェネカー／スピネーカー間の距離があるため、そこに流れる風をより有効に使おうというものだ。

ジェネカー展開直後に展開しジェネカー回収直前に回収するなど、作業は増えるが有効なため、イマドキのリグでは多く採用されている。

● 風を入れる

軽風時（スピネーカー、ジェネカーとも）

TWND

アップウインドとは逆に、ダウンウインドでは、上らせて走ったほうが艇速は増す。スピネーカー、ジェネカーともに、軽風時は、艇速を増すためにマーク回航直後はベストアングルより多少上らせた角度で走り、艇速をアップさせる。艇速がついたところで本来のベストアングルまで落として最大VMGを目指そう

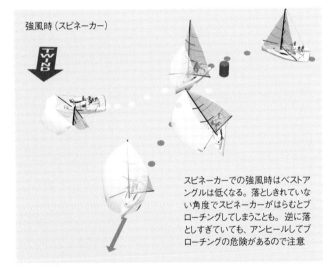

強風時（スピネーカー）

TWND

スピネーカーでの強風時はベストアングルは低くなる。落としきれていない角度でスピネーカーがはらむとブローチングしてしまうことも。逆に落としすぎていても、アンヒールしてブローチングの危険があるので注意

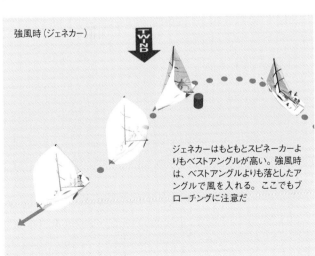

強風時（ジェネカー）

TWND

ジェネカーはもともとスピネーカーよりもベストアングルが高い。強風時は、ベストアングルよりも落としたアングルで風を入れる。ここでもブローチングに注意だ

photo by STYC / Ingrid Abery

ジェネカーとメインセールとの間に展開するステイスル。ファーリング式になっていて、巻いた状態でホイストし展開。ジャイビングの際は巻き込み、また展開する

ジェネカーでの
ジャイビング

ジブでのジャイビングは24ページで紹介した。そこでは特に体重移動に重点を置いて解説したが、通常、ダウンウインドではジェネカーやスピネーカーを展開しているので、ジャイビングではそれらを返す作業も重要になる。

まずはジェネカー。ジェネカーのタックは固定されており、クリューには左右のシート

が付いている。ということは、ジブと同じようなシステムとなる。風下側のシートを緩めて風上側を引き込むという、比較的単純な作業だ。その間、艇は回転し、セールが返れば風上シートは新しい風下側のシートとなる。ここでもジブでのジャイビングと同様に、メインセールが返る前にジェネカーを返して風を入れ失速を防ぐ。あるいはロールで艇の回転を助けることが重要なのも同じ。

ジブとの大きな違いは、ジェネカーはヘッドステイの前に展開されているということだ。

外回し？ 内回し？

ジェネカーのクリューがヘッドステイとの間を通る内回しか、大外を通る外回しか、大きく分けると二通りの方法があり、それぞれメリット、デメリットがある。

内回しのメリットは、クリューの移動距離が短いことと、ジェネカーシートがポールの下に落ちにくいこと。デメリットは、クリューがヘッドステイに引っ掛かりやすいこと。そのため、ヘッドステイの内側でセールがはらんでしまう可能性が高くなる。

● **ジェネカージャイビング、内回し**

風下側（写真では右舷）のシートを緩め、上側を引く。トリマーはもちろん、手の空いているクルーは、直接シートを持って引き込む

メインセールが返る前にジェネカーが返っている。ブームを押さえていたピットマンも、ロールに加わる

ジブのジャイビングよりもシートの出し入れ距離は長い。元のシート（右舷側）もスムースに出ていくよう、手の空いているクルーは送り出してやる

メインシートはしっかり出してからブームを返し、しっかり出す。ブームが返ったら一度引き込んで風を入れる

風を入れてジャイビングは完了。ジェネカートリマーは風上舷へ移動。ベストアングルで走ろう

ジェネカーのジャイビングは、大きく分けると内回しと外回しとの二つ。写真はすべて内回しの例。35ft艇だと通常内回しになる。内回しにするか外回しにするかは、38ページで示したセットの段階で決まってくる。風上側のジェネカーシートをハリヤードの内側にセットすれば内回し。外側なら外回しになる

外回しのメリットは、クリューがヘッドステイに引っ掛かりにくいこと。半面、クリューの移動距離が長く、また、ジェネカーシートがバウポール（バウスプリット）の下に落ちやすい。

モデル艇（A35）のサイズなら、内回しのほうが多くなるだろう。写真もすべて内回しになっている。

実際には

小型艇なら、ジェネカーシートは人力で引き込むことになるし、ウインチを使うにしてもギア比でより高速に引き込めるようになっているものもあり。いずれにしても、あまり力はかかっていないので、フォアステイに引っ掛かっても力任せに対応できる。

ところが、TP52クラスになるとセールも大きく、シートはグラインダーで引き込むことになるが、フォアステイに引っ掛かると引き込めなくなってしまう。そこで外回し。引き込む距離は長くなるものの、グラインダーで一気に引き込む。ウインチは、増力と増速を切り替えられるようになっているものもある。

ただし、外回しの場合、シートに力がかかっていないと、弛んだシートがバウポールの下に落ちて、船底に入り込んでしまう。そこで、リリースするほうのシートにも最後まで軽くテンションをかけておくようにする。

外回し、内回し共に、ヘルムスマンの舵の切り方が重要で、ジェネカーのクリューがヘッドステイをかわすまでは上らないようにしないと、ヘッドステイの内側でセールがはらんでしまう。そのあたりに注意して、練習しよう。

これは失敗例。左ページと逆にスターボードタックからポートタックになるが、ジェネカーのクリューがフォアステイをかわす前に上ってしまうと、ヘッドステイの内側でセールがはらんでしまう。写真③の状態でセールを一気に引き込んでからバウアップしよう

● ジェネカージャイビング、外回し

TWIND

外回しのジャイビングをイラストにしてみた。イラストでも違いは分かりにくいかもしれないが、左ページの内回しでは、フォアステイとセールとの間をジェネカーシートが通る。対してこちら外回しは、セールのさらに外を通る

ジブでのジャイビングではクリューやシートはフォアステイの内側（後ろ）を通る。対してジェネカーの内回しは、内回しといってもフォアステイの外（前）を通り、ジェネカーの外回しは、さらにセールの外、大外を通るということだ

外回しジャイビングの一番のデメリットは、ジェネカーシートがバウポールの下に落ちてしまうリスクがあること。イラストの例だと、ポート側のシートが落ちやすい。落ちたシートはそのまま船底に引き込まれてしまう。こうなると、ジャイビング後にいったんシートをすべて引き抜いて再び大外に通し直さなければならなくなる。セールが返る前にスターボードサイドのシートが落ちてしまうと、かなり厄介なことになる。バウポールやバウスプリットの先端にシートが落ちないようなガイドの角（つの）を付けておくこともあり

バウスプリットやガンポールの長さにもよりますが、小型艇では内回し、大型艇では外回しが多いように思われます。K36〈SPANK〉では、ほぼすべての風域で内回しでした。メルジェス32でも内回しです。TP52では、8kt以下だと内回し、9kt以上だと外回しにしています。

スピネーカーでの
ジャイビング

　ジェネカーはジャイビングの際に、どうしてもいったんつぶれてしまう。しかしスピネーカーのジャイビングはうまく回せばスピネーカーに風をはらませたままジャイビングを完了できる。そのぶん、スピネーカーポールを入れ替えなければならないので作業は複雑になるが、これもクルーワークの見せどころだ。

　スピネーカー艤装も多岐にわたるが、まずはシングルシートのエンドツーエンドジャイビングの例から。

エンドツーエンド

　前後対称のスピネーカーポールを用いるのがエンドツーエンドジャイビングだ。シングルシートの場合、風下側となるシートと風上側のアフターガイは兼用。スピネーカーポールの付く側がガイとなり、ジャイビングしてポールの反対エンドに古いシートを噛ませることで、タックとクリュー、シートとガイは入れ替わる。

　下のイラストおよび写真は、軽風下でのもの。軽風時は見かけの風を増すために、ベストアングルはだいぶ高くなる。見かけの風向は真横になっているかもしれない。風上航でのタッキングと同じくらいヨットは回頭させなければならない。

　そこでポイントは、艇の回頭に合わせてスピネーカーも回していくこと。具体的には、バウダウンとともにガイバック。スピネーカーポールは後ろへ引き込まれる。

● スピネーカージャイビング

軽風下でのスピネーカーラン。ランといってもベストアングルはかなり高く、スピネーカーポールは前に出ている

バウダウンとともにポールバック。メインセールも出すが、シートを緩めただけでは出ていかないので、ピットマンがブームを押している

さらにブームが出て、ポールもバック。ボートの回転に合わせてスピネーカーも回って左舷側に出ているので、ジェネカーと違ってしっかりと風をはらんでいる。ここでバウマンはスピネーカーポールのマスト側を外す

続けてセール側も外してスピネーカーポールは中ぶらりんに。新しいガイとなる右舷側のシートにスピネーカーポールを掛ける。ボートの回頭に合わせてスピネーカーも回転しているので、ガイはシュラウドのところまで来ているはずだ

セール側が付いたらポールを前に押し出す。写真ではここでメインセールが返っている

軽風下でのスピネーカージャイビング。こちらも、見かけの風向はほぼ真横。回頭を助けるためロールさせるのは、ジブジャイビングと同じだ

スピネーカーポールのマスト側も付けて、バウマンの作業は終了

バウマンはスピネーカーポールを外す
が、それでもまだガイバック。ここで、いい
アングルまで艇を回すが、コンディションに
よってベストアングルは変わってくる。ヘル
ムスマンとトリマーとの連携が重要で、ここ
は練習あるのみ。

バウマンの動作も、ピットマンがフォアガ
イを緩めたり、新たなガイ側のツイーカーを
引き込むなどの適切なアシストがあるとな
いとでは、大きく違ってくる。

すべてチームワークだ。

左：ヘッドセールトリマーはスピネーカーの見やすい風上側（左舷側）に立ち、右舷側のスピネーカーシート（青）を
持っている。タクティシャンが赤のガイをトリム。どちらも、キャビントップのウインチを使用
右：ここでシートとガイを持ち替える。ヘッドセールトリマーがガイ（赤）を持った

ガイ側（風上側、写真では
左舷側）のツイーカーはいっ
ぱいまで引かれている。この
ままではポールバックでガイ
を引き込む際に重くなってし
まうので、ジャイビングに入る
前に中くらいまで出しておく

バウダウンとともにガイバッ
ク（赤）。ヘッドセールトリ
マーが引き込んでいる。ス
ピネーカーポールが外れて、
赤シートはガイからスピネー
カーシートに替わっても、さ
らに赤シートは引き込み、
青シートは出してスピネー
カーを回転させる

ブームを押し出してバウダウン

ブームが返るところ。スピ
ネーカートリマーは、セールが
見やすいように風上に移動

シート側（風下側、写真では
右舷側）のツイーカーは、軽
風下ではフリーになってい
るはず。そのままではジャイ
ビング後ガイになったときに
ポールが持ち上がってしま
うので、こちらもやはり中くら
いまで入れておく

ガイトリマーもそのままトリ
ムにつく

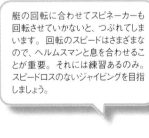

ブームが返って右舷が風上
になった。風上側のツイー
カーはイン。風下側はアウト

> 艇の回転に合わせてスピネーカーも
> 回転させていかないと、つぶれてしま
> います。回転のスピードはさまざまな
> ので、ヘルムスマンと息を合わせるこ
> とが重要。それには練習あるのみ。
> スピードロスのないジャイビングを目指
> しましょう。

ということで、軽風下ではツ
イーカーは両舷共に中くら
いまで入れた状態でプリセッ
ト。風域が上がってポール
バックできているときは、ス
ピネーカーシート側のツイー
カーもある程度引き込まれ
ているので、ジャイビング時
もツイーカーはほとんどいじ
らなくて済む

風速が上がってくると、スピネーカーポールの位置も高くなる。ジャイビングの前に、バウマンの手が届くところまで根元を下げておく

バウマンはマストに寄り掛かるようにして背中で体をホールド。右手でポールを持ち、左手でリトリーブラインを引いている

根元を外したら体は風上側に。続けて先端（ガイ側）も外す

後ろでツイーカーを引いてやれば、新しいガイは手が届くところに来るはずだ。このとき、体はスピネーカーポールの後ろに位置する

左手はリトリーブラインを引いて口を開いておき、右手でガイをつかむ。反対タックならその逆に

ピットマンの動きも重要だ。片手に持っているのはフォアガイ。適度に緩めてやらないと、バウマンはスピネーカーポールを操作できない。同時にブームを押し出している

ブームが返ったらフォアガイを持ったまま移動。バウマンの動きに合わせてフォアガイの操作。この間、ツイーカーの操作に入ることも

● 風速が上がってきたら

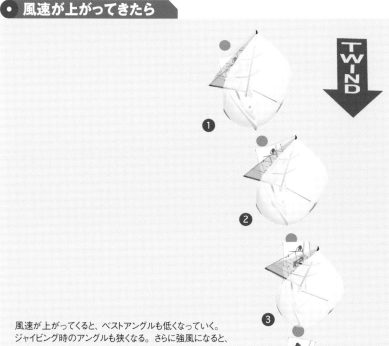

風速が上がってくると、ベストアングルも低くなっていく。ジャイビング時のアングルも狭くなる。さらに強風になると、メインセールを返すという動作自体が難しくもなってくる

ガイが付いたらポールを前に押し出し、マスト側を付ける

体の前でポールを操作すればこの体勢になる

マスト側を付けたら、ジャイビング終了だ

風上マーク回航の航跡

第2章のテーマである風上マーク回航は、大きくベアアウェイセットとジャイブセットに分けられる。基本となるベアアウェイセットについては、32ページから詳しく見てきた。

対してジャイブセットとは、その名の通り、マーク回航と同時にジャイビングしながらマークを回るものだ。

シャイブセットのクルーワークの前に、なぜジャイブセットが必要なのか。まずは、クルーワークというよりもヘルムスマンとタクティシャンの目線ということで、中村 匠を特別講師として解説をお願いして、風上マーク回航におけるさまざまなマニューバーについて考えてみよう。

スピードか距離か

風上マークまでタッキングなしでたどり着けるコースをレイラインという。艇種や風速などのコンディションによっても、帆走可能な上り角度は違ってくる。42ページでVMG（Velocity Made Good）につ

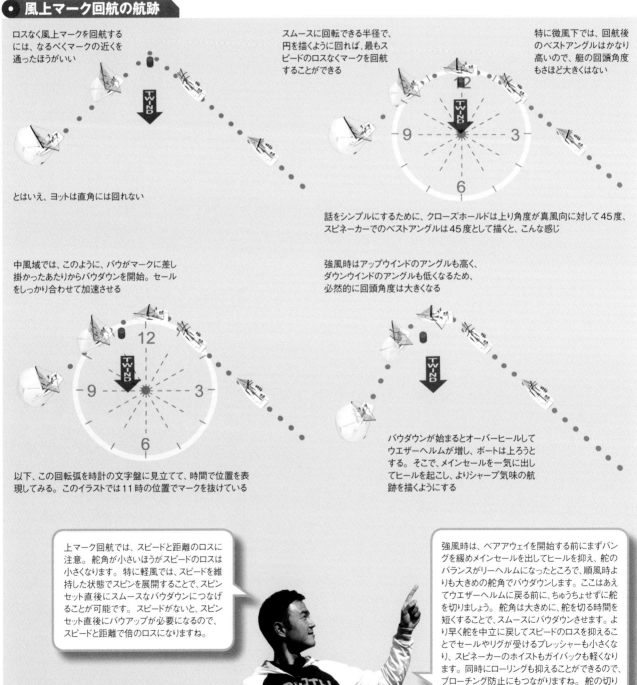

● 風上マーク回航の航跡

ロスなく風上マークを回航するには、なるべくマークの近くを通ったほうがいい

とはいえ、ヨットは直角には回れない

スムースに回転できる半径で、円を描くように回れば、最もスピードのロスなくマークを回航することができる

特に微風下では、回航後のベストアングルはかなり高いので、艇の回頭角度もさほど大きくはない

話をシンプルにするために、クローズホールドは上り角度が真風向に対して45度、スピネーカーでのベストアングルは45度として描くと、こんな感じ

中風域では、このように、バウがマークに差し掛かったあたりからバウダウンを開始。セールをしっかり合わせて加速させる

強風時はアップウインドのアングルも高く、ダウンウインドのアングルも低くなるため、必然的に回頭角度は大きくなる

以下、この回転弧を時計の文字盤に見立てて、時間で位置を表現してみる。このイラストでは11時の位置でマークを抜けている

バウダウンが始まるとオーバーヒールしてウエザーヘルムが増し、ボートは上ろうとする。そこで、メインセールを一気に出してヒールを起こし、よりシャープ気味の航跡を描くようにする

上マーク回航では、スピードと距離のロスに注意。舵角が小さいほうがスピードのロスは小さくなります。特に軽風では、スピードを維持した状態でスピンを展開することで、スピンセット直後にスムースなバウダウンにつなげることが可能です。スピードがないと、スピンセット直後にバウアップが必要になるので、スピードと距離で倍のロスになりますね。

強風時は、ベアアウェイを開始する前にまずバングを緩めメインセールを出してヒールを抑え、舵のバランスがリーヘルムになったところで、順風時よりも大きめの舵角でバウダウンします。ここはあえてウエザーヘルムに戻る前に、ちゅうちょせずに舵を切りましょう。舵角は大きめに、舵を切る時間を短くすることで、スムースにバウダウンさせます。より早く舵を中立に戻してスピードのロスを抑えることでセールやリグが受けるプレッシャーも小さくなり、スピネーカーのホイストもガイバックも軽くなります。同時にローリングも抑えることができるので、ブローチング防止にもつながりますね。舵の切り方一つで、クルーワークの助けにもなるのです。

いて触れたが、上りのVMGがマックスになるアングルで風上マークをギリギリかわすことができるコースがレイラインとなる。

VMGマックスということは、無理すれば多少はさらに高く走れるということでもあるが、このあと、マークを過ぎて舵を切っても、ヨットは直角には曲がれない。ある程度の弧を描いて回転することになる。

ということは、クローズホールドギリギリ（レイライン）でマークに差し掛かると、舵を切り始めてからもさらに大きく回り込んでマークを大回りすることになる。

左ページと下の図を見ていただければ分かりやすい。

まずはロスなく回転できる回転弧をイメージし、その円を時計の文字盤としてイメージしてみよう。風上側の頂点が12時だ。

軽風下では、スピードのロスを最小限に抑えるよう、この円に沿って回頭する。

風速が上がってきたら、円は次第に小さくなるイメージで。さらに風速が上がってきたら、距離を重視して一気にバウダウンと、状況に合わせたマニューバーを心がけよう。

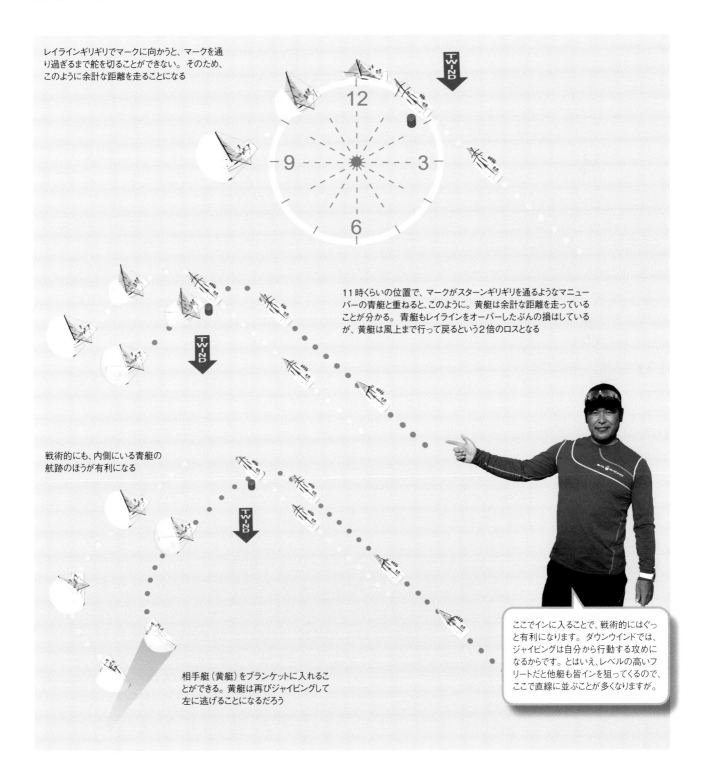

レイラインギリギリでマークに向かうと、マークを通り過ぎるまで舵を切ることができない。そのため、このように余計な距離を走ることになる

11時くらいの位置で、マークがスターンギリギリを通るようなマニューバーの青艇と重ねると、このように。黄艇は余計な距離を走っていることが分かる。青艇もレイラインをオーバーしたぶんの損はしているが、黄艇は風上まで行って戻るという2倍のロスとなる

戦術的にも、内側にいる青艇の航跡のほうが有利になる

相手艇（黄艇）をブランケットに入れることができる。黄艇は再びジャイビングして左に逃げることになるだろう

ここでインに入ることで、戦術的にはぐっと有利になります。ダウンウインドでは、ジャイビングは自分から行動する攻めになるからです。とはいえ、レベルの高いフリートだと他艇も皆インを狙ってくるので、ここで直線に並ぶことが多くなりますが。

レイライン

となると、重要なのがレイライン。

ルール的に航路権を持つスターボードタックのレイラインに乗ってアプローチすることになるが、風向や風速は常に一定ではない。風向が変化すれば当然ながらレイラインは変わってしまうし、風速が落ちただけでも上り角度は悪くなる。したがって、あまり遠くからスターボードタックのレイラインに乗せるのは難しく、おまけに、マーク手前で他艇に割り込まれるなどのリスクも高くなる。

なるべくマークの近くでレイラインに乗るようにすればいいのだが、マークを中心に3艇身のエリアをゾーンと呼び、ゾーンの中でのタッキングはルール上制約される。

したがって、レイラインに乗るならゾーンは避けて、でも、なるべくマークの近くで、ということになる。

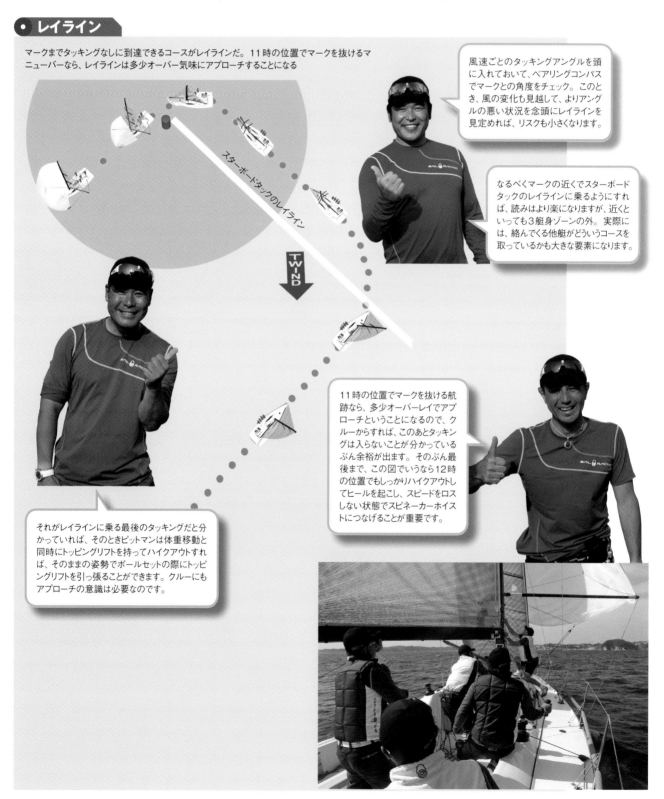

● レイライン

マークまでタッキングなしに到達できるコースがレイラインだ。11時の位置でマークを抜けるマニューバーなら、レイラインは多少オーバー気味にアプローチすることになる

スターボードタックのレイライン

TWIND

風速ごとのタッキングアングルを頭に入れておいて、ベアリングコンパスでマークとの角度をチェック。このとき、風の変化も見越して、よりアングルの悪い状況を念頭にレイラインを見定めれば、リスクも小さくなります。

なるべくマークの近くでスターボードタックのレイラインに乗るようにすれば、読みはより楽になりますが、近くといっても3艇身ゾーンの外。実際には、絡んでくる他艇がどういうコースを取っているかも大きな要素になります。

11時の位置でマークを抜ける航跡なら、多少オーバーレイでアプローチということになるので、クルーからすれば、このあとタッキングは入らないことが分かっているぶん余裕が出ます。そのぶん最後まで、この図でいうなら12時の位置でもしっかりハイクアウトしてヒールを起こし、スピードをロスしない状態でスピネーカーホイストにつなげることが重要です。

それがレイラインに乗る最後のタッキングだと分かっていれば、そのときピットマンは体重移動と同時にトッピングリフトを持ってハイクアウトすれば、そのままの姿勢でポールセットの際にトッピングリフトを引っ張ることができます。クルーにもアプローチの意識は必要なのです。

ジャイブセット

通常、風向に合わせてスタートライン、風上マーク、風下マークは設定される。しかし風向は常に一定ではない。風が振れて、コースと風向が合わなくなったらどうなるだろうか。

風が左に振れれば、ベアアウェイセットで風上マークを回航したあと、そのまま風下マークまでジャイビングなしの一本コースになるかもしれない。

逆に、風が右に振れたら、ベアアウェイセットでは下マークから離れていってしまう。

マーク回航後、早い段階でジャイビングし、よりマークに近いタックで走るのが常道だ。

それが最初から分かっているならジャイブセット。スピネーカーを右舷側からホイストするよう準備して、マークを回航しながらジャイビングしつつスピネーカーホイストとなる。

● ジャイブセット

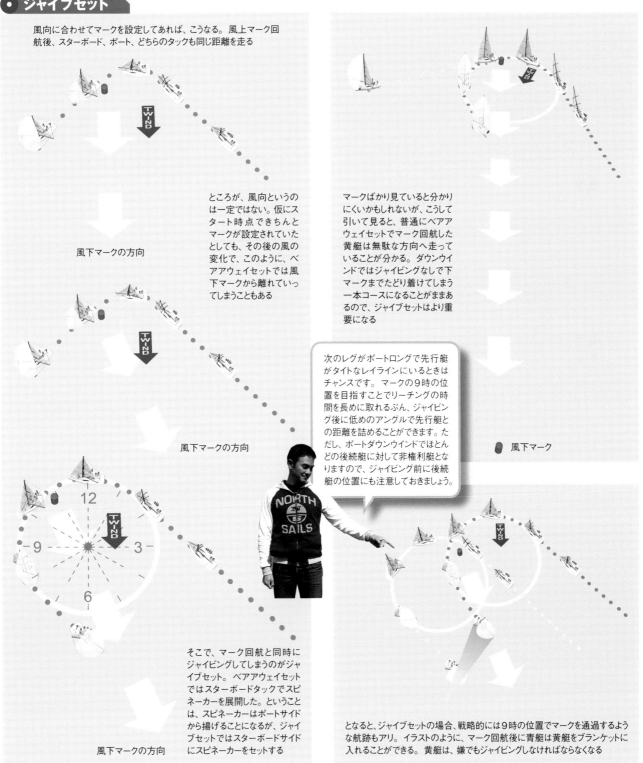

風向に合わせてマークを設定してあれば、こうなる。風上マーク回航後、スターボード、ポート、どちらのタックも同じ距離を走る

ところが、風向というのは一定ではない。仮にスタート時点できちんとマークが設定されていたとしても、その後の風の変化で、このように、ベアアウェイセットでは風下マークから離れていってしまうこともある

風下マークの方向

風下マークの方向

風下マークの方向

そこで、マーク回航と同時にジャイビングしてしまうのがジャイブセット。ベアアウェイセットではスターボードタックでスピネーカーを展開した。ということは、スピネーカーはポートサイドから揚げることになるが、ジャイブセットではスターボードサイドにスピネーカーをセットする

マークばかり見ていると分かりにくいかもしれないが、こうして引いて見ると、普通にベアアウェイセットでマーク回航した黄艇は無駄な方向へ走っていることが分かる。ダウンウインドではジャイビングなしで下マークまでたどり着けてしまう一本コースになることがままあるので、ジャイブセットはより重要になる

● 風下マーク

次のレグがポートロングで先行艇がタイトなレイラインにいるときはチャンスです。マークの9時の位置を目指すことでリーチングの時間を長めに取れるぶん、ジャイビング後に低めのアングルで先行艇との距離を詰めることができます。ただし、ポートダウンウインドでほとんどの後続艇に対して非権利艇となりますので、ジャイビング前に後続艇の位置にも注意しておきましょう。

となると、ジャイブセットの場合、戦略的には9時の位置でマークを通過するような航跡もアリ。イラストのように、マーク回航後に青艇は黄艇をブランケットに入れることができる。黄艇は、嫌でもジャイビングしなければならなくなる

タックセット

ゾーン内でのタッキングはルール上制約される。とはいえ、戦略上左海面に展開したところで風が振れ、ポートタックのレイラインから風上マークへのアプローチとなってしまうこともままある。

となると、下図のようにタッキングしてすぐにマークを回航することになる。これがタックセット。

ポートのレイライン上でスピネーカーポールをセットしてしまうと、タッキングできなくなってしまうので、ポールセットはタッキング後に行う。航跡も図で見るように大きくオーバーしてしまうことになる。おまけに、航路権を持つスターボードタック艇は、あとからあとからやって来ることも多く、そもそもゾーン内でのタッキングにはルール上の制約がある。良いことはない。

しかし、そこまでの戦略、戦術上、このようなケースになってしまうわけで、どういう段取りでスピネーカーアップにつなげるのか、刻々変わる状況の中でタクティシャンとしてはデッキワークどころではなくなることも。

フォアデッキチームは、あらゆる状況を考え、先を読んで準備していかなければならない。

● タックセット

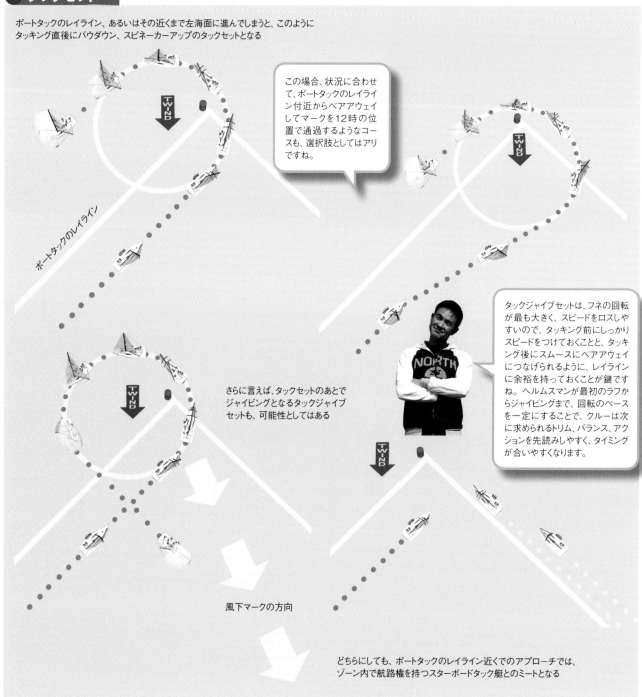

ポートタックのレイライン、あるいはその近くまで左海面に進んでしまうと、このようにタッキング直後にバウダウン、スピネーカーアップのタックセットとなる

この場合、状況に合わせて、ポートタックのレイライン付近からベアアウェイしてマークを12時の位置で通過するようなコースも、選択肢としてはアリですね。

ポートタックのレイライン

さらに言えば、タックセットのあとでジャイビングとなるタックジャイブセットも、可能性としてはある

タックジャイブセットは、フネの回転が最も大きく、スピードをロスしやすいので、タッキング前にしっかりスピードをつけておくことと、タッキング後にスムースにベアアウェイにつなげられるように、レイラインに余裕を持っておくことが鍵ですね。ヘルムスマンが最初のラフからジャイビングまで、回転のペースを一定にすることで、クルーは次に求められるトリム、バランス、アクションを先読みしやすく、タイミングが合いやすくなります。

風下マークの方向

どちらにしても、ポートタックのレイライン近くでのアプローチでは、ゾーン内で航路権を持つスターボードタック艇とのミートとなる

ヒッチマーク

風上マーク回航では、レイライン上のスターボード艇とそこへ向かうポートタック艇がせめぎ合う。

風上マーク回航後も上ってくる後続艇とミートすることになる。後続艇からすれば、ダウンウインドレグに入った先行艇とのミートだ。

イラストと違って艇数が増えれば、ポート・スターボ、カミ・シモと、権利が入り乱れた大混戦となる。特に同型艇が密集するワンデザインクラスのフリートでは、風上マークでの混雑を回避するためヒッチマークが設定されることも多い。

下イラストのように風上マークを回ったあと、さらにヒッチマークも回航することで、混乱はかなり少なくなる。

通常は風上マーク回航からジブリーチング。ヒッチマークでスピネーカーかジェネカーを展開することになるが、風向や風速によっては風上マークを回ってすぐにダウンウインドセールが展開できる風向になることもあり、バウデッキでの作業はより煩雑になったりもする。おまけに、風上マーク回航後ヒッチマークまでの短い間にベアアウェイセットからジャイブセットへと作戦変更といったこともままある。

● ヒッチマーク

風上マークでの混雑を避けるために設けられるヒッチマーク。風上マークを回ってすぐにスピネーカーホイストにはならないことが多いが、これもヒッチマークまでの距離やヒッチマークの高さで、逆にデッキワークのバリエーションは増えてしまうともいえる

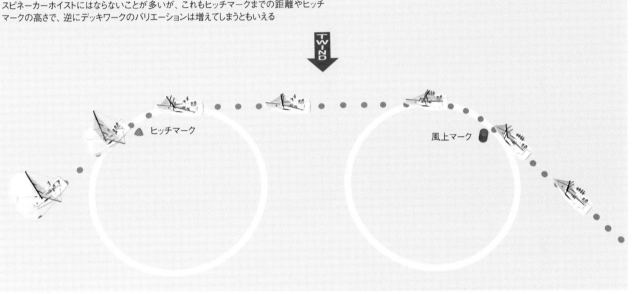

こうして見てくると分かるように、風上マーク回航は条件によってさまざまなパターンがあります。どのパターンになるのか、クルーとしても直前まで分からないことも多く、ポールなしでホイストするトレーニングも積んでおく必要があります。この場合、スピードチームの技量も求められるわけです。

ジャイブセット（スピネーカー編）

　53ページの状況で、普通にベアアウェイセットから素早くジャイビングするケースもある。これを即（そく）ジャイブと呼ぶが、ロスを最小限におさえたいなら、ここはやはりジャイブセットだ。

　これも、スピネーカーかジェネカーかで異なり、同じスピネーカーでも、艇のサイズによってシステムも違ってくる。まずは、エンドツーエンド、シングルシート方式のスピネーカー艇におけるジャイブセットについて見ていこう。

ギアラウンド

　通常、スタート時点では、最初の風上マークでベアアウェイセットになることを前提としてセットしてあるはずだ。ベアアウェイセットではスピネーカーはスターボードタックで展開する。となるとスピネーカーのシート、ガイ、ハリヤード（三つを合わせて「3点」と呼ぶことにする）はポートサイドにある。

　対して、ジャイブセットになればポートタックでスピネーカーを展開することになるので、3点はスターボードサイドに回さな

● ギアラウンド

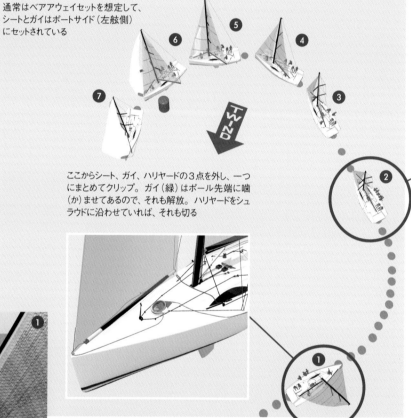

通常はベアアウェイセットを想定して、シートとガイはポートサイド（左舷側）にセットされている

ここからシート、ガイ、ハリヤードの3点を外し、一つにまとめてクリップ。ガイ（緑）はポール先端に噛（か）ませてあるので、それも解放。ハリヤードをシュラウドに沿わせていれば、それも切る

3点をまとめた状態で、右舷側を引っ張り左舷側を緩めて3点を右舷側に回す。バウマンは、ヘッドステイに引っ掛からないようにガイド。実際のギアラウンド作業は、後ろでトリマーが行っている。ハイクアウトしているクルーもお尻をどかすなりして協力し、バウマンが前にいる時間が短くなるように気を配ろう

3点を右舷側に回したら、再びスピネーカーにセット。これはポートタックの状態で作業している例。3点はジブの下から出てくる

ければならない。

　これがギアラウンド。もちろん風上マークに到達する前のクローズホールド中に行う。

　まずは、ポートタック時にスピネーカーから3点を外す。風上側になるので作業はしやすい。3点をまとめ、ヘッドセールトリマーがコクピットからスターボードサイドに引っ張り回す。

ポールセット

　スピネーカーポールはポートサイドにセットすることになるが、その前にジャイビングでジブを返さなければならない。ポールのマスト側（インボードエンド）は付けても先端はデッキ上に落としたまま。トッピングリフトは付けて、たるませておくが、ジブシートはトッピングリフトの前を通っていること。そうでないとジブが返らない。

　これで、バウダウン〜ジブオーバー〜トッピングアップ、という段取りになるわけだが、イマドキの長いスピネーカーポールではバウパルピットに引っ掛かってしまって、うまくポールアップできないケースも多い。

　そこで次ページからの写真では、ノーポールでスピネーカーをホイストして後からポールをセットする、という段取りをご紹介しよう。

● ポールセット

ここでスピネーカーポールをセットすると、こうなる。この後ジャイビングが入るので、ジブが返るようマスト側だけしか付けられない

ガイ（左舷側の赤シート）はスピネーカーポールに噛ませ、トッピングリフト（トッパー）は緩めた状態で。風上側のジブシートはトッピングリフトの前を通さないとジブが返らなくなるので注意。スピンハリ、ガイ、シートの3点はポールの風上側（右舷側）に付く

上図の状態にするためには、トッピングリフトはジブシートの下をくぐらせてマストの根元あたりにリードして留めておかなければならない。3点はポールの風上側（イラスト手前）になければならないので、作業としては、ポールセット→3点の取り付け、とするとスムースだ

そこで、ここは、スピネーカーポールは後付けにする、ノーポールでのジャイブセットをおすすめします。これなら、ポートタックでのレイラインアプローチのときに、左舷側からギアラウンドした3点を付け直すだけ（左ページの写真）で済みます。

ホイスト前に、ガイのスニークができていることが重要。そこから、バウダウンしヒールが起きて、見かけの風が横から後ろに回ったところでホイスト開始。ジャイビングが完了した時点でハリヤードが上がりきっているというイメージで。

このあたり、オーバーラップジブかノンオーバーラップジブかでも違ってきます。また、通常のスピネーカーポールは「J」の長さと同じになっているので、上記のように根元を上げておけば先端は楽にフォアステイやパルピットをかわすことができますが、最近のロングポールだと、ここが引っ掛かってしまうことも多く、また、スターボードタックに返した最終アプローチでの作業も増えてしまいます。

ジブが返ったらすぐにトッピングリフトを上げる。ポールが上がらないとスピネーカーは風をはらまないが、最初にガイのスニークができていないと、ここでガイバックすることになり、すると、ガイに引っ張られてトッピングリフトが上がらなくなってしまう

スピネーカーは3点の頭を出した状態でハッチを閉めた「頭出し」のままなので、左右のシートはギアラウンドの前（左ページのイラスト）と逆になる。ガイになる左舷の赤シートは緑のタックへ。シートとなる右舷の緑シートは赤のクリューに付く。この状態で展開するとスピネーカーは左右逆に揚がってしまうことになるが、ここでスピネーカー自体を入れ替えようとすると、絡まる危険が増えるだけ。スピネーカーは左右対称形だ。作業をシンプルにするため、スピネーカーの裏表は気にせずそのままいこう

通常、ベアアウェイセットを見越したセットではこのように、トッピングリフトはシュラウドに添わせてスピネーカーポールとともに噛ませてある。これだとトッピングリフトはジブシートの上にあり、このままポールセットするとジブが返らなくなってしまう。次ページのノーポールのジャイブセットならこのままでいい

ノーポールでのジャイブセット

　スピネーカーポールはセットせず、とりあえずノーポールでスピネーカーを展開し、後からポールをセットする、ノーポールでのジャイブセットの実際を見てみよう。

　そもそもスピネーカーポールは、スピネーカーのタックを外へ出すことでスピネーカーに風を入れるためにある。ポールがないなら、まずはクルーが手でガイを外へ押し出してやればいい。スピネーカーに風を入れるためには、ジブを素早く降ろすことも重要だ。写真の例では35ft艇に6人乗りだが、実際はマストマンとフローターを加えた7〜8人は乗艇しているはず。イラストでは、マストマンを加えて7人乗りにしてある。

・ノーポールでのジャイブセット

写真はノーポールでのジャイブセット。ギアラウンドした状態で、スピネーカーポールはデッキに置いてあるままの状態（右の図）。ここまでなら前ページのようにポートタックの時点で作業は完了。ポールをセットする必要がないので、レイラインではとにかくフルハイク。最終アプローチでヒールを起こすことがどれだけ重要かは、これまで散々触れてきたところだ

バウダウン開始。ここでもヒールを起こすことで、少ない舵角でバウダウンできる。ピットマンは自分の体重を生かすため、ハイクアウトしたままハリヤードテーリングをしている

この状態でスピネーカーのタック側がフォアステイをかわしているところがポイントですね。

風下側がガイトリマーになる。タック（アフターガイが付いている左舷側）がヘッドステイをかわすところまで引かれている。ジブシートはわずかに出すだけでジャイビングに備える

ここから一気にホイスト。アンヒールで回頭を助けることも忘れずに

メインも返してジャイビング。ここで、もうジブはほとんど降りている

ジブが返る時点でスピネーカーのホイストは終了している。アンヒール（ここでは右舷側にヒール）させることでボートの回頭を助けるとともにスピネーカーが自身の重みで風上側（右舷側）に移動し、風をはらみやすくなる。と、ここでも、ボートバランスが重要になる

ジャイビングしてからスピネーカーポールを付けてジャイブセットの完了

ポールの後付け

　ジブが返ると同時に、バウマンはジブの下をくぐって左舷側へ移動する。

　左舷が風上になるので、左手でアフターガイをつかんで外へ押し出す。まだスピネーカーポールを付けていないので、代わりに手でアフターガイを外へリードするマンポールの状態だ。

　ここでジブハリヤードがカットされジブが降りてくる。バウマンはマンポールと同時に右手で降りてくるジブのラフ側を引き下ろす。同時にマストマンが後ろでクリュー側を処理すればジブはデッキに降りてくるはずだ。ジブは完全に降ろさなくてもいいので、スピネーカーに風が入ったらポールのセットに入る。

　右ページの写真では左ページより風速が上がっていてガイバックできている。そこでタクティシャンが、シュラウドのあたりでマンポールについている。対して、左ページはより風が弱くベストアングルも高い。となると、スピネーカーのタックはヘッドステイの近くになる。そのため、バウマンがマンポールしつつジブを降ろすという段取りになってくる。

　ここからジブを降ろしつつスピネーカーポールをセットする作業に移るわけだが、スピネーカーポールは右舷側のデッキに上あるはずだ。ジャイビング後は、ジブも右舷側に展開しているので、このままジブダウンするとポールの上にセールが覆いかぶさってしまう。

　そこで、マストマンは降りてくるジブのクリュー側を風上（左舷）側にリードするようにし、スピネーカーポールはジブをかわして持ち上げる。

　ジブが降りていれば、トッピングリフトとジブシートの関係はベアアウェイ用のセットのままでいい（57ページとの違いに注目）。

　アフターガイはバウマンがマンポールしているので、そのままスピネーカーポールの先端をバウマンの手が届くあたりに差し出せばポールセットもスムーズだ。もちろん、トッピングリフトは後ろでピットマンが引き上げる。

（57ページとの違いに注目）

● 後付けのポールセット

⑤

バウマンはジブの下をくぐって左舷側（新しい風上側）に出る。右ページの写真より風が弱い状態なのでスピネーカーのタック（左舷側）はヘッドステイの近くにある。ここでジブダウン。写真は6人乗りなのでマストマンがいない。バウマンがジブのクリュー側を持ってジブを引きずり降ろしている

⑤

ここでポイントはジブをなるべく左舷側に降ろすこと。右舷のデッキにスピネーカーポールがあるからだ。マストマンがいるならジブのクリュー側はマストマンが処理。続いてスピネーカーポールを持ち上げ、マンポールしているバウマンへポールを渡す

ここでアフターガイ（赤シート）側のツイーカーが引かれているところもポイントですね。ボートのアングル、シートとガイの操作でスピネーカーをはらませ、スピードが落ちないように。バウマン大活躍みたいに見えますが、スピードチームの力量も問われるところです

トろ-ZO

ジャイビング後はポートタックになってジブは右舷側に来るわけで、そのままジブダウンするとデッキ上のスピネーカーポールの上に覆いかぶさるように降りてしまい、ポールアップの障害に。そこで、写真のように左舷側に降りるようにバウマンかマストマンがフォロー。これでデッキ上のポールは簡単にアップできます。

ちょっとしたことの積み重ねで、作業全体がスムースに進みますね。

写真は、風速が多少上がってガイバックできている状態。タクティシャンがシュラウドのあたりでマンポールしており、ノーポールでもスピネーカーはきれいにはらんでいる

通常はマストマンかフローターがマンポールを担当。少数で乗るマッチレースなどでは、手の空いたメインセールトリマーがここまで出てくることもある

ここでスピネーカーをつぶさないように走るには、バウのアングル、シートとガイのトリムといった、スピードチームの技量も重要になる

スピネーカーに風を入れるためにジブを降ろしているので、完全に降ろす必要はない。ジブが降りていることで、スピネーカーポールを反対舷に出す動作もやりやすくなる

ジャイブセット
（ジェネカー編）

スピネーカーでのジャイブセットの実際について見てきたところで、ジェネカーの場合はどうだろうか。

ギアラウンド

スピネーカー同様、セットしてあるジェネカーからシート類を外して右舷側に回すギアラウンドから。

スピネーカーでは、左右のシートとハリヤードの3点だったが、ジェネカーの場合はこれにタックラインを加えた4点となる。

セールから外して右舷側に回し、再びセールにセットする。

スピネーカーと違って、スピネーカーポールが無い分楽だ。バウポールを出してタックラインを引く。この作業も風上側でできるので楽。

バウダウンが始まったらハリヤードはじわじわ引いていき、見かけの風が横から後ろに回ったら一気にホイスト。

写真は6人乗りなのでバウマンがハリヤードバウンスまでしているが、できればマストマンにまかせてスピネーカーを送り出していけばよりスムーズだ。

● ギアラウンド

下図は、ジェネカーでのベアアウェイセットのためのセッティング。通常、スタート時はこうなっているはずだ。おさらいしておこう。
・ジェネカーはハッチから「3点」の頭だけ出した状態で、タック（緑）にタックラインを、クリュー（赤）には左右のシートを左舷側で付ける
・ハリヤード（濃赤）は右舷側シート（赤）の外側
これで内回しのジャイビング用のセットになる。

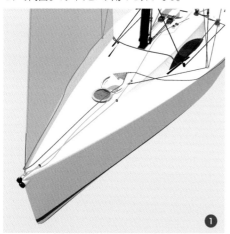

スピネーカー艤装では、左右のシート（タックによりシートとガイが入れ替わる）とハリヤードとの3点だったが、ジェネカーでは、左右のシートとハリヤード、そしてタックラインの4本のロープになる。が、通常はここでも「3点」と呼んでいることが多い。その3点を一つにまとめ、右舷側を引いて左舷側を出すギアラウンドを行う

1回目はセールバッグごとデッキに出して展開する「バッグセット」、第2上マークからは、降ろしてハッチに取り込んだ状態からのハッチホイスト。あるいは降ろしたセールをヤーンして、第2上マークもバッグセット、あるいはヤーンした状態でハッチから揚げる……と、ここもバリエーションは多いですが、とりあえず、ハッチホイストのイラストで。

● ジャイブセット

まずはギアラウンドしてのジャイブセット。
風上マークに達する前にギアラウンド
してジェネカーにコネクトし直す

バウマンがジェネカーを押さえつつ、ハリヤードスニーク
（じわじわ上げる）

写真のような軽風下なら僕はここで
セールを全部デッキに引っ張り出してし
まいます。バウハッチの中に入ったまま
だと、どうしてもハッチの部分で抵抗に
なってしまいますし、引っ掛けて破いてし
まうリスクもあります。あらかじめデッキ
に引っ張り出しておけば、ハリヤードを引
く作業も楽になります。

スニークとは、こっそり引くということ。タックはすでにバ
ウボールの先までスニークできている。ハリヤードもこ
こでできるだけスニークできれば、その先、いざホイスト
となった場合にすぐに上がりきる。ジャイビングに入る
タイミングでハリヤードを上げきるようにするには、ここで
よりスニークできていれば楽になるが、見かけの風が前
から吹いている時点では、セールはマスト側に吹き寄せ
られてしまうのでスニークにも限りがある

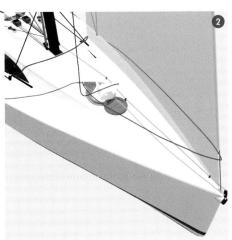

バウボールを出し、タックラインを
引くと、この状態に。ここまでは
39ページに書いたように、バウ
ボールを出してからタックラインを
引く、あるいはタックラインをクリー
トしておいてバウボールを出せば、
ともにタックラインが引かれるとい
う方法もある。違いは、ジブの風
上側、右舷側にジェネカーがある
こと。ハリヤードが一番外側（イラ
ストでは手前）になる、というのも、
このイラストのほうが分かりやすい

ギアラウンドして3点を右舷側に
取り付けると、こんな感じ。イラス
トはタックを返し、スターボードタッ
クで最終アプローチに乗った状
態。内回しジャイビングにするな
ら、ハリヤードは一番外（イラスト
では手前）になる

ギアラウンドを終え、ジェネカーは右舷側にある。バウボールは出て、タックライ
ンもポール先端まで引き込まれた状態。全部、ジブの風上側にあるので、バウ
マンの作業は楽だ

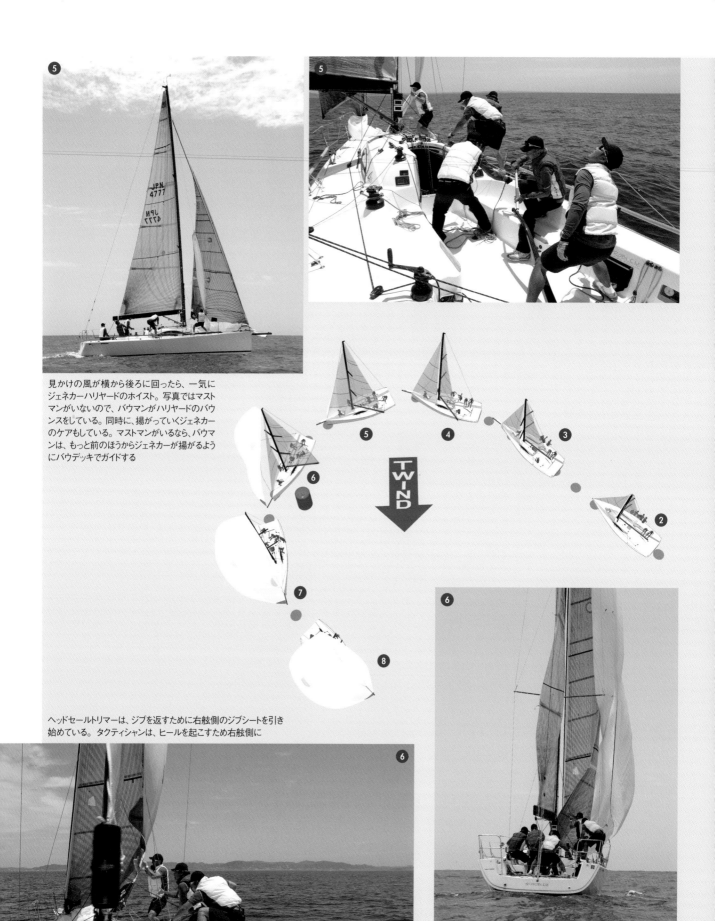

見かけの風が横から後ろに回ったら、一気にジェネカーハリヤードのホイスト。写真ではマストマンがいないので、バウマンがハリヤードのバウンスをしている。同時に、揚がっていくジェネカーのケアもしている。マストマンがいるなら、バウマンは、もっと前のほうからジェネカーが揚がるようにバウデッキでガイドする

ジブが返るタイミングではジェネカーはすでに揚がりきっている。メインセールも返してジャイビング

ヘッドセールトリマーは、ジブを返すために右舷側のジブシートを引き始めている。タクティシャンは、ヒールを起こすため右舷側に

ジブが返るタイミングではジェネカーはすでに揚がりきっている。メインセールも返してジャイビング

❼

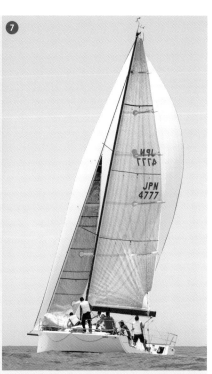

❼

間髪を入れずジブダウンしてジェネカーに風を入れる。スピネーカーと異なりガイトリマーの手が空いているはずなので、ここは、マストマンがバウンス、ピットマンがハリヤードテーリング、フローターがジブハリカットと、手はあるはず。誰が何をやるのか、役割分担をあらかじめ決めておこう

❽

ここから、ステイスルを揚げるなりして、ダウンウインドレグの始まりだ

ヤーンする

　大型艇や、中型艇でも風速が上がってくると、ホイスト途中でセールがはらまないよう縛っておくのも有効だ。毛糸（yarn）が使われることから、「ヤーンする」と呼ばれてきた。

　セールに風がはらめば毛糸は切れてそのほとんどは海に落ちる。つまり、ごみになる。『セーリング競技規則2013-2016（RRS）』から、「規則55　ごみの処分」という項目がが新たに加わり、100％羊毛で自然に分解する材質であっても、特に帆走指示書にうたわれていないかぎり使用禁止となった。代わりにセール自体にマジックテープやジッパーをつけるなどして対応している。毛糸（ヤーン）は使われなくなっても、ほかに新たな名称がないため、この作業を「ヤーンする」と呼ぶことも多い。

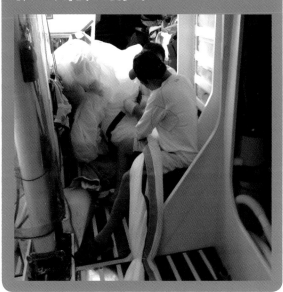

サンブーカ

さらには、ギアラウンドせずに、通常のベアアウェイセット用に左舷側にセットされたジェネカーのクリューを、無理やり右舷側に引きこんでしまうジャイブセットもある。これをサンブーカー（Sambuca）、あるいはサンドカン（Sandokan）とも呼ぶ。ジェネカーシートを付けたまま、ギアラウンドする感じだ。

タクティシャンとしては、戦術的に他艇とのからみを考え、ジャイブセットするか否かを迷うことも多い。サンブーカーならギアラウンドという準備なしにジャイブセットできる、あるいは急にベアアウェイセットに戻してもいいわけで、選択肢は広がる。

そのぶん、いきなりのコールもあり得るの

サンブーカー

ギアラウンドなしでジャイブセットするのがサンブーカだ

なるべく前のほうから揚がっていくように、バウマンがガイドするのがコツですね。ハッチホイストなら、バウマンがセールをハッチ内からデッキに出していきます。ギアランドする時間があるなら、ギアラウンドしてからジャイブセットになるわけで、サンブーカのコールは直前に下されるケースがほとんど。この場合も、「もしかしたらジャイブセット?」というのは、前のほうでもだいたい分かるので、心構えは怠りなく。

サンブーカの応用で、スピネーカーもギアラウンドなしでジャイブセットすることもある。その場合は、バウマンがスピネーカーを全部抱えてヘッドステイの前から揚げるような感じで。とにかくさまざまなバリエーションを、それもチーム全員で段取りを把握しておこう

で、バウのクルーは心の準備をおこたりなく。

　これまで見てきたように、上マーク回航のパターンは数多い。ジェネカーだけでも、通常のベアアウェイセットとジャイブセット。ジャイブセットにはギアラウンドするものと

しないものと、合計3通りあるわけで、コールの際に「ギアラウンドしないでジャイブセット」では長すぎる。それぞれの違いがひと言で通じるような呼び名をつけておく必要があるわけだ。ハイブリット艇ならこ

れにスピネーカーにするかジェネカーにするかの選択もあるわけだから、なおさらだ。

　ここは、チームだけで通じる通称を決めておくのもチームワークの構築の調味料になるのかもしれない。

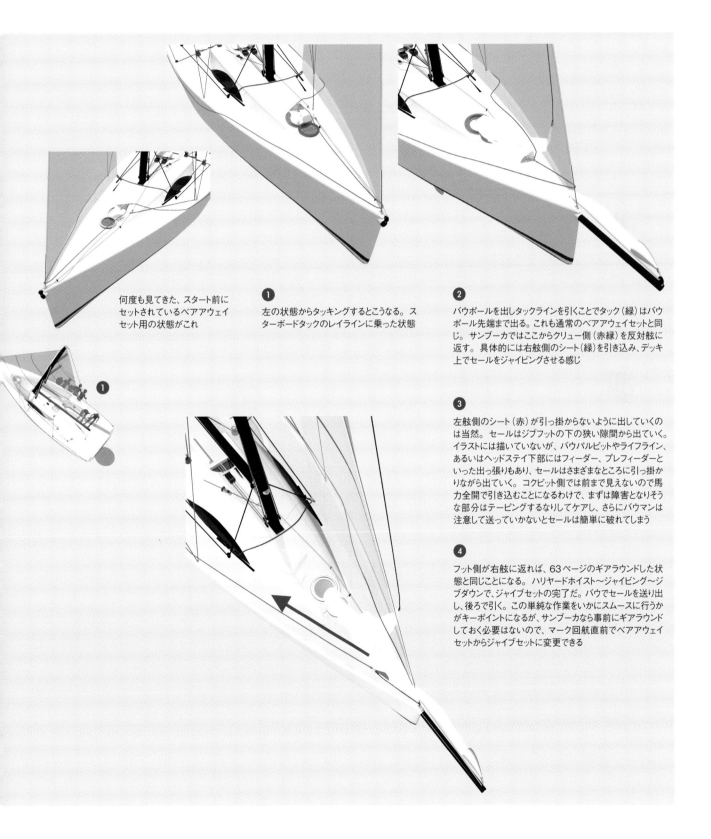

何度も見てきた、スタート前にセットされているベアアウェイセット用の状態がこれ

❶　左の状態からタッキングするとこうなる。スターボードタックのレイラインに乗った状態

❷　バウポールを出しタックラインを引くことでタック（緑）はバウポール先端まで出る。これも通常のベアアウェイセットと同じ。サンブーカではここからクリュー側（赤緑）を反対舷に返す。具体的には右舷側のシート（緑）を引き込み、デッキ上でセールをジャイビングさせる感じ

❸　左舷側のシート（赤）が引っ掛からないように出していくのは当然。セールはジブフットの下の狭い隙間から出ていく。イラストには描いていないが、バウパルピットやライフライン、あるいはヘッドステイ下部にはフィーダー、プレフィーダーといった出っ張りもあり、セールはさまざまなところに引っ掛かりながら出ていく。コクピット側では前まで見えないので馬力全開で引き込むことになるわけで、まずは障害となりそうな部分はテーピングするなりしてケアし、さらにバウマンは注意して送っていかないとセールは簡単に破れてしまう

❹　フット側が右舷に返れば、63ページのギアラウンドした状態と同じことになる。ハリヤードホイスト〜ジャイビング〜ジブダウンで、ジャイブセットの完了だ。バウでセールを送り出し、後ろで引く。この単純な作業をいかにスムースに行うかがキーポイントになるが、サンブーカなら事前にギアラウンドしておく必要はないので、マーク回航直前でベアアウェイセットからジャイブセットに変更できる

スピネーカー艤装の
いろいろ

ここまで、スピネーカーの艤装としては、エンドツーエンド・シングルシートシステムを前提に見てきた。モデル艇での撮影時もエンドツーエンド・シングルシートシステム。30〜35ftくらいまでならだいたいこのエンドツーエンド・シングルシートになっている。

スピネーカー艤装には、そのほかにも、ダブルシートシステム、ディップポールシステムといろいろある。これも、以前の『クルーワーク虎の巻』のころと比べると、通常より長いスピネーカーポールを用いてジェネカーを展開するなど、さらに艤装は複雑になっている。艤装が違えばジャイビングの方法も違ってくる。風上マークの回航時も、ベアアウェイセット、ジャイブセットの違いを含めて複雑になる。

ここからは、イラストを中心に、それらの違いについて見ていこう。

シングルシートと
ダブルシート

エンドツーエンド方式の艤装では、スピネーカーポールの両端は同じ構造になっ

● エンドツーエンド・ジャイビング（シングルシート）

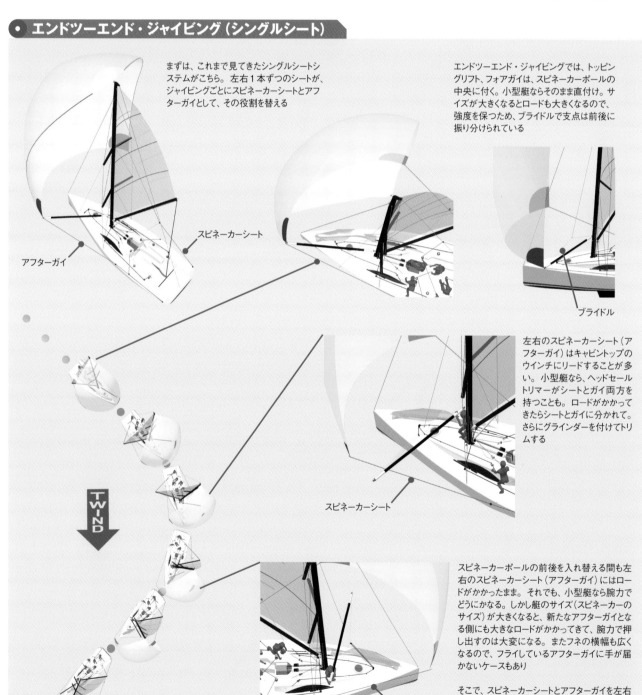

まずは、これまで見てきたシングルシートシステムがこちら。左右１本ずつのシートが、ジャイビングごとにスピネーカーシートとアフターガイとして、その役割を替える

アフターガイ

スピネーカーシート

エンドツーエンド・ジャイビングでは、トッピングリフト、フォアガイは、スピネーカーポールの中央に付く。小型艇ならそのまま直付け。サイズが大きくなるとロードも大きくなるので、強度を保つため、ブライドルで支点は前後に振り分けられている

ブライドル

左右のスピネーカーシート（アフターガイ）はキャビントップのウインチにリードすることが多い。小型艇なら、ヘッドセールトリマーがシートとガイ両方を持つことも。ロードがかかってきたらシートとガイに分かれて。さらにグラインダーを付けてトリムする

スピネーカーシート

スピネーカーポールの前後を入れ替える間も左右のスピネーカーシート（アフターガイ）にはロードがかかったまま。それでも、小型艇なら腕力でどうにかなる。しかし艇のサイズ（スピネーカーのサイズ）が大きくなると、新たなアフターガイとなる側にも大きなロードがかかってきて、腕力で押し出すのは大変になる。またフネの横幅も広くなるので、フライしているアフターガイに手が届かないケースもあり

そこで、スピネーカーシートとアフターガイを左右両舷に設ける、ダブルシートシステムになる（右ページ）

アフターガイ

ていて、マスト側とスピネーカー側を入れ替えることでジャイビングする。

その際、スピネーカーシートとアフターガイを左右共用とし、同じロープで風下側がスピネーカーシート、風上側がアフターガイとなるものをシングルシートシステムと呼んでいる。ジャイビングすれば、それまでアフターガイだったロープがスピネーカーシートになる。

艤装は左右1本ずつで済むのでシンプルだが、艇のサイズ（スピネーカーのサイズ）が大きくなると、シートにかかるロードが大きくなり、アフターガイを取り付けたスピネーカーポールを押し出してマスト側をセットするのが難しくなる。

そこで、左右に2本ずつ、シートとガイを配した艤装がダブルシートシステムだ。

風下側のアフターガイは遊んでいるレ

イジーガイ、風上側のスピネーカーシートはレイジーシート、と呼ばれる。レイジー（lazy）とは、「怠惰な、働いていない」の意味で、まさに、働いていないシートとガイということになる。

ジャイビングの際は、力のかかっていないレイジーガイをスピネーカーポールに掛けてポールをセットすればいいので、作業は楽になる。

● エンドツーエンド・ジャイビング（ダブルシート）

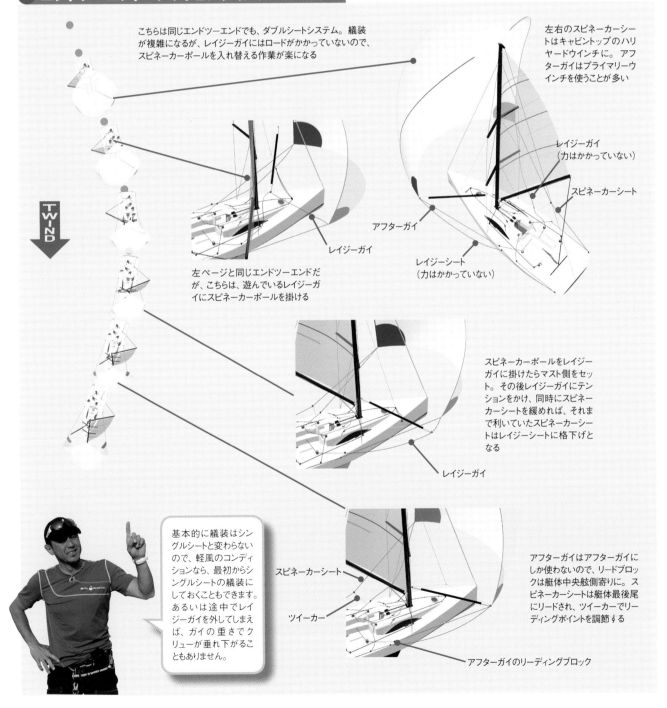

こちらは同じエンドツーエンドでも、ダブルシートシステム。艤装が複雑になるが、レイジーガイにはロードがかかっていないので、スピネーカーポールを入れ替える作業が楽になる

左右のスピネーカーシートはキャビントップのハリヤードウインチに。アフターガイはプライマリーウインチを使うことが多い

レイジーガイ
（力はかかっていない）

スピネーカーシート

アフターガイ

レイジーシート
（力はかかっていない）

レイジーガイ

左ページと同じエンドツーエンドだが、こちらは、遊んでいるレイジーガイにスピネーカーポールを掛ける

スピネーカーポールをレイジーガイに掛けたらマスト側をセット。その後レイジーガイにテンションをかけ、同時にスピネーカーシートを緩めれば、それまで利いていたスピネーカーシートはレイジーシートに格下げとなる

レイジーガイ

基本的に艤装はシングルシートと変わらないので、軽風のコンディションなら、最初からシングルシートの艤装にしておくこともできます。あるいは途中でレイジーガイを外してしまえば、ガイの重さでクリューが垂れ下がることもありません。

スピネーカーシート

ツイーカー

アフターガイはアフターガイにしか使わないので、リードブロックは艇体中央舳側寄りに。スピネーカーシートは艇体最後尾にリードされ、ツイーカーでリーディングポイントを調節する

アフターガイのリーディングブロック

ディップポールシステム

エンドツーエンドシステムでは、スピネーカーポールの前後を入れ替えた。スピネーカーポールをデッキ上で振り回す、と表現してもいい。ところが、艇のサイズが大きくなるとスピネーカーポールも太く長くなり、デッキ上で振り回すのは困難になる。

そこで、マスト側は付けっぱなしで、先端部を左右に振るようにしてジャイビングするのがディップポールシステムだ。

そのまま左右に振ったのではヘッドステイにぶつかってしまう。そこで、先端部を下げてヘッドステイをかわすことになる。ディップ（dip）とは、一時的に下げて再び上げるような、上下に動かす動作のことで、スピネーカーポールの先端をdipさせることからディップポールと呼ばれている。

スピネーカーポールがディップ動作をしている間、スピネーカーはノーポール（スピネーカーポールのない状態）で展開し続けている。スピネーカーポールを入れ替えるためにはレイジーガイが不可欠なので、ディップポールシステムはダブルシートシステムとセットになっている。逆にいえば、ダブルシートシステムが必要なサイズの艇なら、ポールもディップポールでということにもなる。

ロングポールでのディップポール

これまでのスピネーカーポールは、J（マスト前面からジブタックまでの距離）と同じ長さだった。ところが最近は、それより長いロングポールも出てきている。この場合、ディップするためにはインボードエンド（スピネーカーポールのマスト側の付け根）をより高く上げなければヘッドステイをかわすことができない。それでも作業がやりにくいので、インボードエンドを上げるより、いったんインボードエンドを外してマストの後ろまで後退させてティップ（ポール先端）をかわすという方法もある。

また、大型艇ではバウポールやバウスプリットからジェネカーを展開する艤装が一般的になりつつあり、このあたりの事情は日進月歩となっている。

● ディップポールシステム

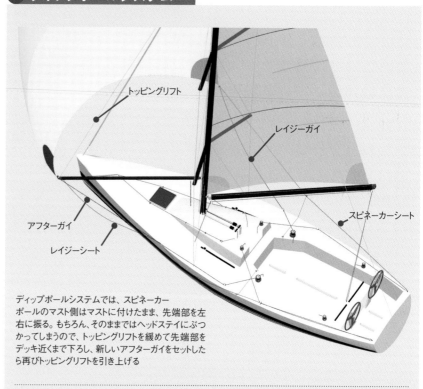

ディップポールシステムでは、スピネーカーポールのマスト側はマストに付けたまま、先端部を左右に振る。もちろん、そのままではヘッドステイにぶつかってしまうので、トッピングリフトを緩めて先端部をデッキ近くまで下ろし、新しいアフターガイをセットしたら再びトッピングリフトを引き上げる

スピネーカーポールのセール側とマスト側とは構造が異なる。また、エンドツーエンドシステムと違ってトッピングリフトとフォアガイはポール先端（ティップ）に付いている。先端がヘッドステイやバウパルピットにぶつからないようにしてかわすためには、マスト側（インボードエンド）の高さも調節しなければならず、ディップポール艤装ではマスト側は必ずスライダー式になっていて取り付け高さを任意に調節できるようになっている

トリップコードを引くと先端部の口が開いてロックされる。先端部のトリガーにアフターガイを押し付けるとロックが解除され口が閉まる

ポール先端はティップという。セールのトリムでも、「ティップアップ」といえばトッピングリフトを引いて先端を上げること。「インボードアップ」といえば、マスト側の付け根（カー）を引き上げること

それでも、最近のロングポールでは先端部をかわしきれず、マスト側をいったん外してマストの後ろまで後退させてジャイビングするケースもあり。バウスプリットや伸縮式のバウポールからジェネカーを展開するタイプの艇が増えてきているので、こうしたロングポールの艤装もさまざまな工夫がされているところだ

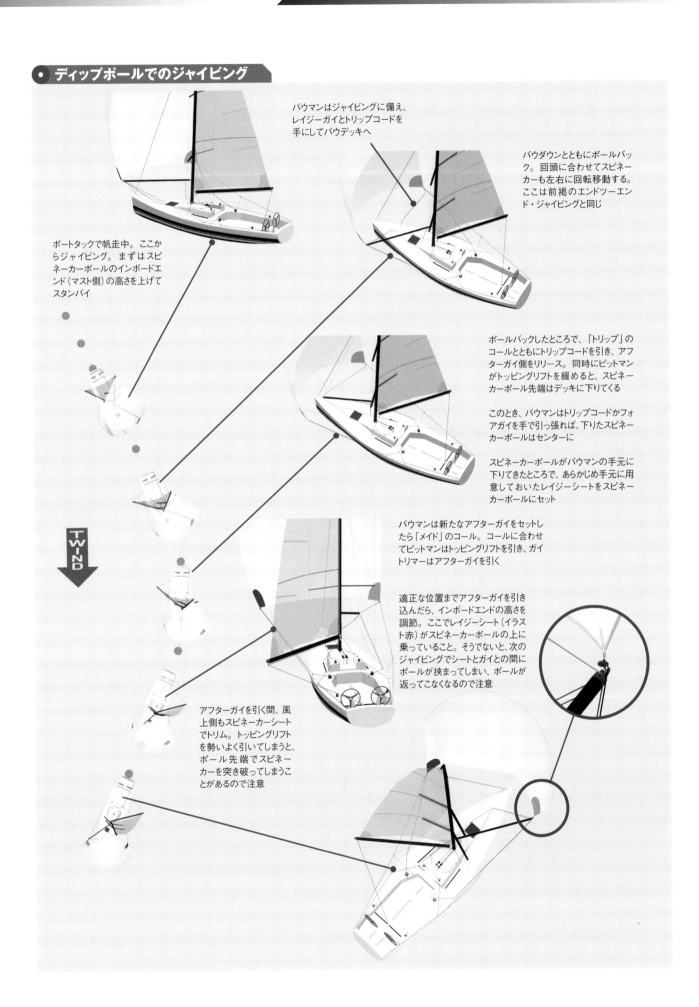

● ディップポールでのジャイビング

バウマンはジャイビングに備え、レイジーガイとトリップコードを手にしてバウデッキへ

ポートタックで帆走中。ここからジャイビング。まずはスピネーカーポールのインボードエンド（マスト側）の高さを上げてスタンバイ

バウダウンとともにポールバック。回頭に合わせてスピネーカーも左右に回転移動する。ここは前掲のエンドツーエンド・ジャイビングと同じ

ポールバックしたところで、「トリップ」のコールとともにトリップコードを引き、アフターガイ側をリリース。同時にピットマンがトッピングリフトを緩めると、スピネーカーポール先端はデッキに下りてくる

このとき、バウマンはトリップコードかフォアガイを手で引っ張れば、下りたスピネーカーポールはセンターに

スピネーカーポールがバウマンの手元に下りてきたところで、あらかじめ手元に用意しておいたレイジーシートをスピネーカーポールにセット

バウマンは新たなアフターガイをセットしたら「メイド」のコール。コールに合わせてピットマンはトッピングリフトを引き、ガイトリマーはアフターガイを引く

適正な位置までアフターガイを引き込んだら、インボードエンドの高さを調節。ここでレイジーシート（イラスト赤）がスピネーカーポールの上に乗っていること。そうでないと、次のジャイビングでシートとガイとの間にポールが挟まってしまい、ポールが返ってこなくなるので注意

アフターガイを引く間、風上側もスピネーカーシートでトリム。トッピングリフトを勢いよく引いてしまうと、ポール先端でスピネーカーを突き破ってしまうことがあるので注意

TWIND

ディップポールでの風上マーク回航

　それでは、ディップポール艤装の艇での上マーク回航を見てみよう。スターボードタックでアプローチしてそのままベアアウェイでスピネーカーを展開するベアアウェイセットと、マーク回航と同時にジャイビングしながらスピネーカーを展開するジャイブセット。どちらもアプローチから回航の航跡は50ページを参照されたい。

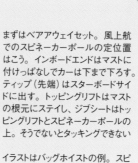

まずはベアアウェイセット。風上航でのスピネーカーポールの定位置はこう。インボードエンドはマストに付けっぱなしでカーは下まで下ろす。ティップ（先端）はスターボードサイドに出す。トッピングリフトはマストの根元にステイ、ジブシートはトッピングリフトとスピネーカーポールの上。そうでないとタッキングできない

イラストはバッグホイストの例。スピネーカーはスピンバッグにパックしておく。レイラインへのアプローチとなるポートタックのとき（イラスト①）にバッグごとデッキに出し、左右のシートとガイ、そしてハリヤードを付けてしまうと風上で作業ができるので楽だ

● 風上マーク回航、ベアアウェイセット

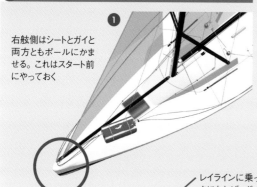

❶ 右舷側はシートとガイと両方ともポールにかませる。これはスタート前にやっておく

❷ レイラインに乗ってスターボードタックになれば、ガイ＆シート、ハリヤードの「3点」はジブの裏側にセットされていることになる。トッピングリフトはこの段階でセット。トッピングリフトにはセンターハリヤードを使う。ポール側にポールと同じ長さのロープが付いていて、トッピングリフトとつなぐようになっているので、マスト側でいったんクリップを外しジブシートをかわしてから再びクリップ。同時にピットマンがトッピングリフトを引いて、たるみを取る。バウマンはバウまで行かなくても、マストのあたりで作業ができる

❸ インボードエンドを上げてからトッピングリフトもアップしてスピネーカーポールセット。インボードエンドを先に上げてあるのでバウマンが手でガイドしてやらないとポール先端がヘッドステイに引っ掛かってしまうことも。マスト側にはインボードエンドのプリセットポジションにマークを付けておく

かなり遠くからレイラインに乗ることもあるわけで、その場合は、「3点」はスターボードタックの状態で取り付けることになります。特にハリヤードはジブの裏（リーチ側から）を回して前に持っていくことになりますね。

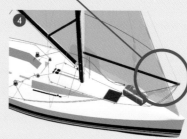

ハリヤードをホイストする前にアフターガイをスニーク。スピネーカーのタックがポールのところまで来るように

❹ ここまで、インボードエンドを上げる（そのためには、上側のジブシートを緩める）→トッパーアップ（そのためには、ガイ＆シートを緩める）→ガイスニーク（ガイ＆シートを引く）と、バウマン、ピットマン、ヘッドセールトリマーの連携も重要だ。そのあとでハリヤードもスニーク。スピネーカーをヤーンしてあれば、ホイスト前にかなりスニークできる

ここでも、ハイクアウトが重要であることに変わりはありません。ピットマンは最後のタッキングでポートからスターボードへの移動中にトッピングリフトをつかんでハイクアウト。あるいは、ガイやシートがスムースに出ていくように、お尻を浮かせて送り出す、などの連携プレーで。

❺ バウダウン→ハリヤードアップ→スピネーカー展開→ジブダウン、の流れは、ほかのスピネーカー艤装と同じ

フォアガイはこの状態でちょうどいい長さになるようにプリセットしておけば、ここまでノータッチで済む

スピネーカー展開直後、ジブシートはポールの上に乗っているが、落ち着いたら外して左右をつないでデッキ上に置く。大型艇では、降ろしたジブはバッグに入れておくことが多い

● 風上マーク回航、ジャイブセット

① ジャイブセットの場合。スタート時点ではベアアウェイセット用にスピネーカーポールは右舷側にセットしてある（左ページの状態）ので、まずはポールを左舷に出してセットし直す。インボードエンドをわずかに上げてポール先端を振ればOK。バウマン一人でできるはず

トッピングリフトはポートタックの状態で付けてしまうと作業は楽だ。ヘッドステイ付け根（1ポイント）すぐ下にイグジットがあるセンターハリヤードを使っているので、この状態でタッキングしてジブが返っても干渉しない（123ページ参照）。

スピネーカーポールには右舷側のシートとガイ両方をセットしてあるが、これを外してギアラウンドに備える。そのままこのタックでギアラウンドもしてしまえば、後が楽。ギアラウンドできたら左舷側のガイ＆シートをポールに掛け直す

② レイラインに乗ったらスピンバッグを出して3点をセット。スターボードタックで作業すれば楽だが、レイラインに乗ってからでは時間がないようなら、ポートタックの時点でこの作業を行うことになる。バウのクルーは自艇の位置を把握して作業の段取りを考えよう

ベアアウェイセット（左ページ）の場合、アフターガイは、空いている右舷側のプライマリーウインチを使えばいいのですが、ジャイブセットでは、左舷側のプライマリーウインチはジブシートでふさがっています。ガイスニークのときはウインチに掛けずに手引きで。バウダウン→ジャイビングでジブシートをリリースしたら、空いたウインチにアフターガイを掛ける、という段取りになります。ここも、左右のトリマーの役割分担を確認しておきましょう。

③ ホイスト前にインボードエンドも上げておく。ジブシートはスピネーカーポールの上に乗ったままなので、これでもジブは返る。これでバウダウン→ジャイビング。ジブが返ったら、トッピングリフトを引くだけですぐにポールアップできる

④ まずはアフターガイをスニーク。この時点ではスピネーカーは風上側にあるが、この後ジャイビングが入るので右舷が風下になる。ハリヤードホイストは、見かけの風が後ろに回ってからだが、この時点でハリヤードもスニーク。ジャイビングの段階でホイストが終わっているようにするには、ここでできるだけハリヤードをスニークしておく。イラストには、見やすいように人間が描いてないが、ここではバウマンがセールを送り出し、あるいは風をはらまないように押さえる

⑤ ジブが返るころにはハリヤードホイスト完了。トッピングリフトも引かれ、スピネーカーポールもセット。同時にジブダウンと、コクピットは大忙しだ。艤装や乗艇人数によって、誰が何を担当するか、役割分担をキッチリ決めておこう

ジェネカーを
スピネーカーポールで
展開する

ここまで、エンドツーエンドでのスピネーカー艤装、バウポールからのジェネカー、ダブルシートシステムでのエンドツーエンド、そしてディップポールでのスピネーカーと、さまざまなダウンウインドセール艤装を見てきた。

さらに話を進めて、スピネーカーポールでジェネカーを展開するケースについて。

スピネーカーとジェネカーを両方搭載している艇では、まずはその呼び分けがややこしい。

28ページで紹介したように、非対称スピネーカー（ジェネカー）はAsymmetric（非対称）のAを取って、A1、A2、A3……。対して、左右対称スピネーカーは、Symmetric（対称）のSからS1、S2……と、コードで呼ぶことも多い。このコードはメーカーによって多少違うこともあるので注意。（131ページ参照）

ここでは単純に、左右対称のスピネーカーを「スピネーカー」。非対称のスピネーカーを「ジェネカー」と表記する。

さて、これまで見てきたジェネカーは、伸縮式のバウポールかバウスプリットから展

● スピネーカーポールでジェネカーを展開する

バウポール（あるいはバウスプリット）からのジェネカー艤装がこちら。タックラインと左右のジェネカーシートから成る

ジェネカーシート

風上側のジェネカーシートは遊んでいる

タックライン（ダウンホール）

バウポール

バウポールを持たないクルージングタイプのヨットでもジェネカーを展開することがあり、その場合、タックラインはステム先端から取られることが多い

当然ながら、大きなジェネカーエリアは取れない

ステム

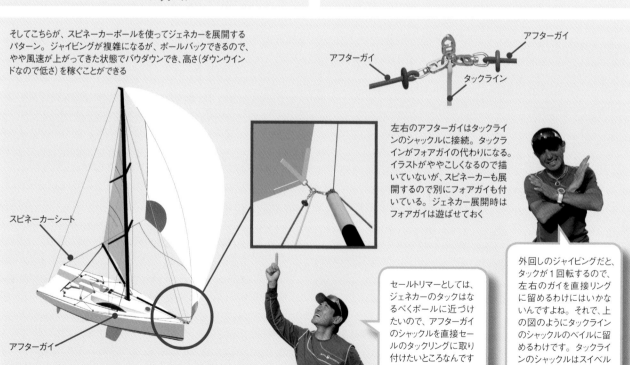

そしてこちらが、スピネーカーポールを使ってジェネカーを展開するパターン。ジャイビングが複雑になるが、ポールバックできるので、やや風速が上がってきた状態でバウダウンでき、高さ（ダウンウインドなので低さ）を稼ぐことができる

アフターガイ

アフターガイ

タックライン

スピネーカーシート

アフターガイ

風下側のアフターガイは、遊んでいるレイジーガイとなる

風上側のスピネーカーシートは、やはり遊んでいる

左右のアフターガイはタックラインのシャックルに接続。タックラインがフォアガイの代わりになる。イラストがややこしくなるので描いていないが、スピネーカーも展開するので別にフォアガイも付いている。ジェネカー展開時はフォアガイは遊ばせておく

セールトリマーとしては、ジェネカーのタックはなるべくポールに近づけたいので、アフターガイのシャックルを直接セールのタックリングに取り付けたいところなんですが……。

外回しのジャイビングだと、タックが1回転するので、左右のガイを直接リングに留めるわけにはいかないんですよね。それで、上の図のようにタックラインのシャックルのベイルに留めるわけです。タックラインのシャックルはスイベルなので、これでOK。

● スピネーカーポール&ジェネカーのジャイビング

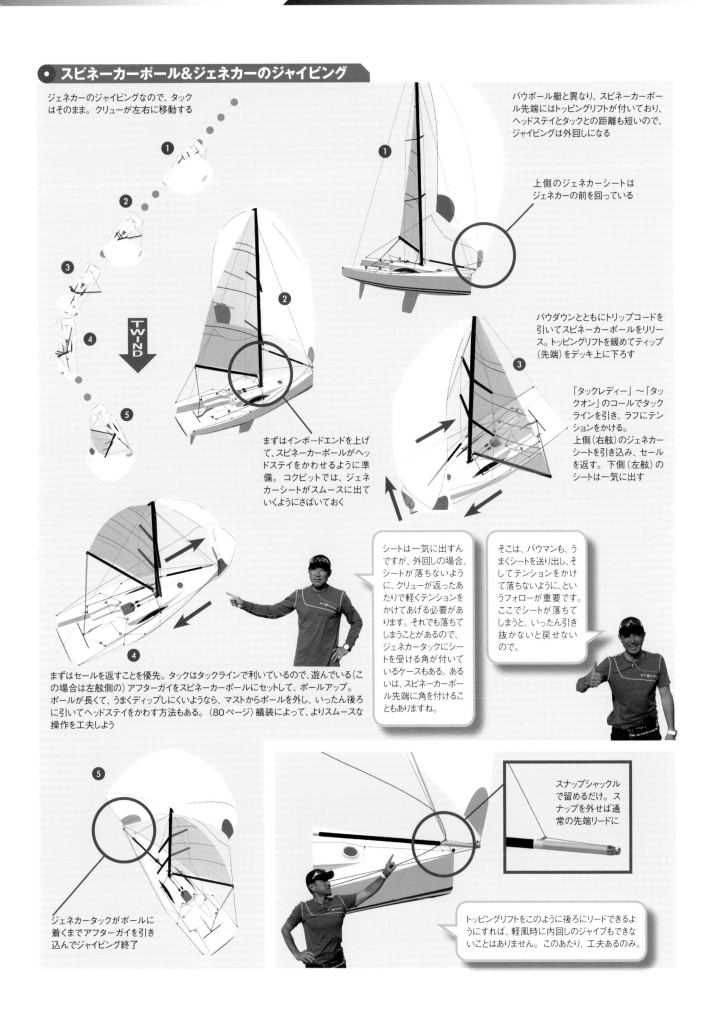

ジェネカーのジャイビングなので、タックはそのまま。クリューが左右に移動する

バウポール艇と異なり、スピネーカーポール先端にはトッピングリフトが付いており、ヘッドステイとタックとの距離も短いので、ジャイビングは外回しになる

上側のジェネカーシートはジェネカーの前を回っている

バウダウンとともにトリップコードを引いてスピネーカーポールをリリース。トッピングリフトを緩めてティップ（先端）をデッキ上に下ろす

「タックレディー」〜「タックオン」のコールでタックラインを引き、ラフにテンションをかける。
上側（右舷）のジェネカーシートを引き込み、セールを返す。下側（左舷）のシートは一気に出す

まずはインボードエンドを上げて、スピネーカーポールがヘッドステイをかわせるように準備。コクピットでは、ジェネカーシートがスムースに出ていくようにさばいておく

シートは一気に出すんですが、外回しの場合、シートが落ちないように、クリューが返ったあたりで軽くテンションをかけてあげる必要があります。それでも落ちてしまうことがあるので、ジェネカータックにシートを受ける角が付いているケースもある。あるいは、スピネーカーポール先端に角を付けることもありますね。

そこは、バウマンも、うまくシートを送り出し、そしてテンションをかけて落ちないように、というフォローが重要です。ここでシートが落ちてしまうと、いったん引き抜かないと戻せないので。

まずはセールを返すことを優先。タックはタックラインで利いているので、遊んでいる（この場合は左舷側の）アフターガイをスピネーカーポールにセットして、ポールアップ。ポールが長くて、うまくディップしにくいようなら、マストからポールを外し、いったん後ろに引いてヘッドステイをかわす方法もある。（80ページ）艤装によって、よりスムースな操作を工夫しよう

ジェネカータックがポールに着くまでアフターガイを引き込んでジャイビング終了

スナップシャックルで留めるだけ。スナップを外せば通常の先端リードに

トッピングリフトをこのように後ろにリードできるようにすれば、軽風時に内回しのジャイブもできないことはありません。このあたり、工夫あるのみ。

開した。今回はスピネーカーポールを使ってジェネカーを展開する話。

基本的にスピネーカーポールはスピネーカーを展開するためのもの。スピネーカーポールを使ってジェネカーを展開するメリットとは？

まずは、バウポール＆ジェネカーとスピネーカーポール＆スピネーカーとの違いを見てみよう。

長く突き出たバウポールから展開する大きなセールエリアのジェネカーは、クリューの位置が高いということもあって

リーチが開きやすく、微風〜真風速8ノット程度の、角度をつけて見かけの風速を増す走りでは、スピネーカーより威力を発揮するといわれている。

ここで、風速が上がり8ノットを超えたあたりから、ポールバックしてバウダウンで

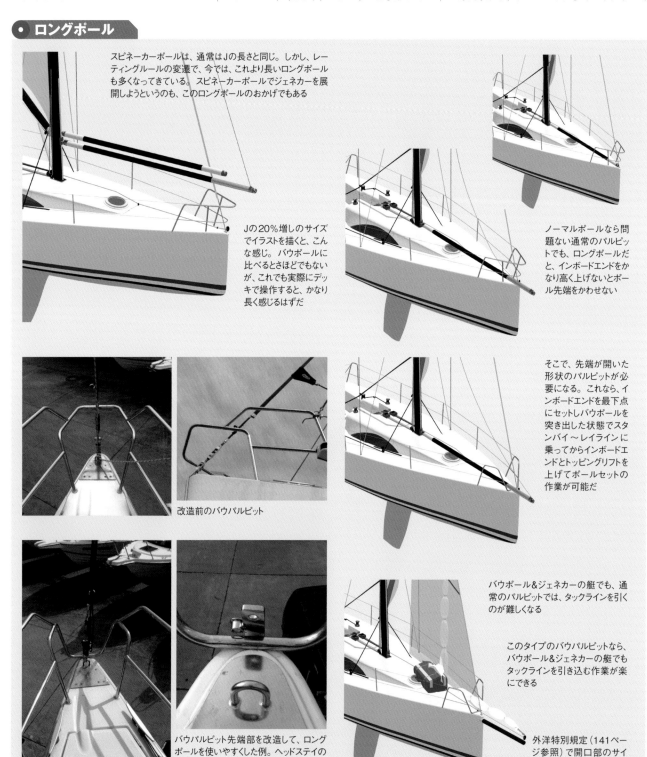

● ロングポール

スピネーカーポールは、通常はJの長さと同じ。しかし、レーティングルールの変遷で、今では、これより長いロングポールも多くなってきている。スピネーカーポールでジェネカーを展開しようというのも、このロングポールのおかげでもある

Jの20%増しのサイズでイラストを描くと、こんな感じ。バウポールに比べるとさほどでもないが、これでも実際にデッキで操作すると、かなり長く感じるはずだ

ノーマルポールなら問題ない通常のパルピットでも、ロングポールだと、インボードエンドをかなり高く上げないとポール先端をかわせない

そこで、先端が開いた形状のパルピットが必要になる。これなら、インボードエンドを最下点にセットしバウポールを突き出した状態でスタンバイ〜レイラインに乗ってからインボードエンドとトッピングリフトを上げてポールセットの作業が可能だ

改造前のバウパルピット

バウパルピット先端部を改造して、ロングポールを使いやすくした例。ヘッドステイのチェーンプレートにタックライン用のアイも溶接してある

バウポール＆ジェネカーの艇でも、通常のパルピットでは、タックラインを引くのが難しくなる

このタイプのバウパルピットなら、バウポール＆ジェネカーの艇でもタックラインを引き込む作業が楽にできる

外洋特別規定（141ページ参照）で開口部のサイズは最大360mmと決まっているので注意

76

きるスピネーカーのほうが、より高さ（ダウンウインドなので低さ）を稼げるということになる。

さらに風速が上がると、バウポール＆ジェネカーでも、大型艇や軽排水量のハイスピードボートでは、自艇の艇速で見かけの風が前に回りバウダウンできるようになり、ここでプレーニングに入るか否か、あるいはハンディキャップルールの違いによっても、勝負の行方は混沌（こんとん）としてくる。

一方、スピネーカーポールから展開するジェネカーの場合、軽風下でのスピードに加え、そのまま風速が上がってもポールバックできるというメリットがある。

その分、ジャイビングの際には、スピネーカー同様、ポールを左右に入れ替えなければならず、手間がかかるし、ロングポールといってもバウポールに比べれば短く、セールエリアはさほど大きいわけでもない。

加えて、艤装も通常のスピネーカー用艤装に加えタックラインが必要になるし、シートやガイのセットも違ってくるなど、バウデッキの作業はより複雑になる。搭載できるセール枚数も決まっているので、スピネーカーにするのかジェネカーにするのか、レース前からその日のコンディションを想像して、悩みも大きくなる。

● スピネーカーポール＆ジェネカーでの上マーク回航

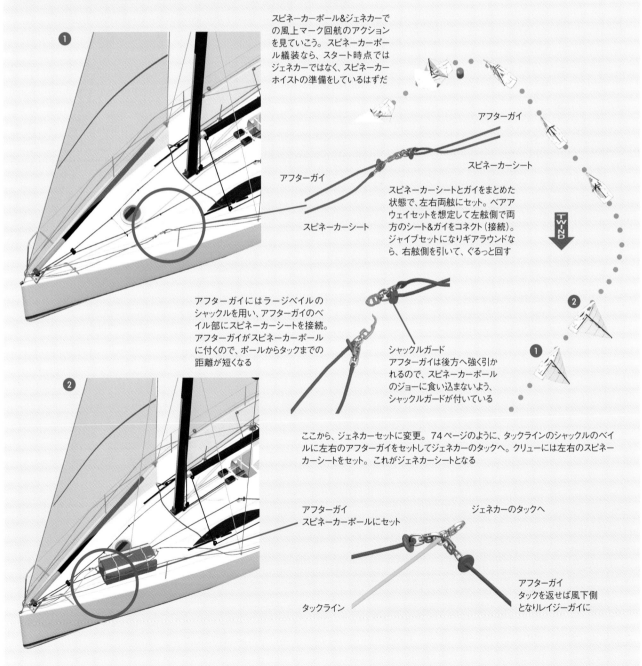

スピネーカーポール＆ジェネカーでの風上マーク回航のアクションを見ていこう。スピネーカーポール艤装なら、スタート時点ではジェネカーではなく、スピネーカーホイストの準備をしているはずだ

アフターガイ

スピネーカーシート

アフターガイ

スピネーカーシート

スピネーカーシートとガイをまとめた状態で、左右両舷にセット。ベアアウェイセットを想定して左舷側で両方のシート＆ガイをコネクト（接続）。ジャイブセットになりギアラウンドなら、右舷側を引いて、ぐるっと回す

アフターガイにはラージベイルのシャックルを用い、アフターガイのベイル部にスピネーカーシートを接続。アフターガイがスピネーカーポールに付くので、ポールからタックまでの距離が短くなる

シャックルガード
アフターガイは後方へ強く引かれるので、スピネーカーポールのジョーに食い込まないよう、シャックルガードが付いている

ここから、ジェネカーセットに変更。74ページのように、タックラインのシャックルのベイルに左右のアフターガイをセットしてジェネカーのタックへ。クリューには左右のスピネーカーシートをセット。これがジェネカーシートとなる

アフターガイ
スピネーカーポールにセット

ジェネカーのタックへ

タックライン

アフターガイ
タックを返せば風下側となりレイジーガイに

ロングポール

　通常、スピネーカーポールの長さはJ（マストの前面からヘッドステイのタックまでの距離）と同じ。ところが最近では、ハンディキャップルールの変化により、Jより長いサイズのスピネーカーポールを備えるケースも多い。その分、面積の大きなセールを展開できる。ジェネカーを展開す

るうまみもあるというものだ。

　とはいえ、ノーマルポール装備の艇にとって、単に長いポールに替えればいいというわけではない。ポールが長い分、ディップポールでバウパルピットをかわすには、インボードエンドをより高く上げられるようマスト側のレールを上に延長しなければならない。

バウパルピットも、ノーマルの形状ではポールがつかえてしまう（86ページのイラスト参照）。艤装全体を工夫しないとロングポールは使えない。

タックライン

　スピネーカーポールからジェネカーを展開する場合、ほとんどはディップポール、

前ページの状態から、レイラインに乗ってタックを返すと、こうなる

ノーマルポールでのディップポール艤装では、スピネーカーポールはマストに付けっぱなしだったが、ロングポールでは、これではかなり長く前に突き出してしまう

そこで、ポールの定位置はエンドツーエンド艤装のように、マストから外して右舷側のデッキ上に置くことが多い

ロングポールでは、ポールの定位置も難しいです。エンドツーエンドならシュラウドの付け根にポールのジョーを食わせることも多いですが、通常はマストに付けっぱなしのディップポール擬装では、インボードエンドはソケットに差し込む方式のものが多く、おまけにロングポールだと、それでも先端が邪魔になってジブのフットに干渉することもあります。

そこで、デッキにベルクロテープを取り付けて固定したり、デッキ形状によってはジブトラックの内側に置くこともある。マストに近いほうがセットが素早くできますし。ポールの定位置と固定方法は艇種によって工夫するしかないですね。

photo by Audi MedCup

先端を前に突き出してインボードエンドをマストにコネクト。トッピングリフトも通常のディップポール同様、途中で2本つなぎになっている

ここからポールセット。スピネーカーポールには、アフターガイだけをセットする。スピネーカー用にスタート時点でシートとガイの両方をセットしてあるなら、シートを外すことになる

スピネーカーセットとの違いは、タックラインが付くこと。タックラインがフォアガイの代わりになるのでフォアガイは使わない。ジャイビング時に邪魔にならないよう、フォアガイはスピネーカーポール側から外してしまうこともある

ダブルシートの艤装になる。シートとガイ
はスピネーカー艤装のまま。ここにタック
ラインが追加される。

　ジェネカーではこのタックラインがフォア
ガイの代わりになるので、フォアガイは遊
ばせておくか、いっそスピネーカーポール
側から外せるようにしておけば、ジャイビ
ングの際に邪魔にならない。

　スピネーカーでは、左右1セットのシート
＆ガイということになるが、ジェネカーを展
開する場合は、タック側に左右のガイが
付き、クリュー側には左右のシートが付く。
当然、上マークではセットの前の作業が
一手間増え、時間がないとミスも増える。
逆に、タックラインとシートさえ付けてしま
えば、スピンポールなしでもジェネカーは

揚がらないこともない。

　スピネーカーにするのかジェネカーか。
それぞれジャイブセットという選択肢もあ
るので、バウデッキの作業はかなり複雑
だ。風上マーク回航前に指示を出すアフ
ターガード側でも、バウの作業と段取りを
ある程度頭に入れておきたい。

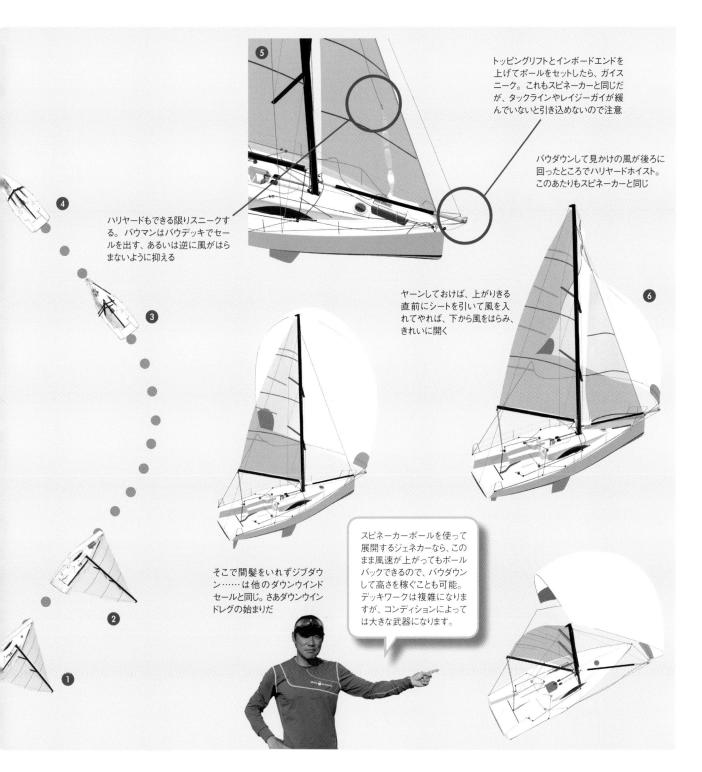

トッピングリフトとインボードエンドを
上げてポールをセットしたら、ガイスニー
ク。これもスピネーカーと同じだが、タックラインやレイジーガイが緩
んでいないと引き込めないので注意

バウダウンして見かけの風が後ろに
回ったところでハリヤードホイスト。
このあたりもスピネーカーと同じ

ハリヤードもできる限りスニークす
る。バウマンはバウデッキでセー
ルを出す、あるいは逆に風がはら
まないように抑える

ヤーンしておけば、上がりきる
直前にシートを引いて風を入
れてやれば、下から風をはらみ、
きれいに開く

そこで間髪をいれずジブダウ
ン……は他のダウンウインド
セールと同じ。さあダウンウイン
ドレグの始まりだ

スピネーカーポールを使って
展開するジェネカーなら、この
まま風速が上がってもポール
バックできるので、バウダウン
して高さを稼ぐことも可能。
デッキワークは複雑になりま
すが、コンディションによって
は大きな武器になります。

デバイスジャイブ

スピネーカーポールでジェネカー（非対称スピネーカー）を展開する場合、スピネーカー（対称スピネーカー）の展開時と同様、ジャイビングではスピネーカーポールを左右に入れ替えなければならなかった。同じジェネカーでも、バウポールやバウスプリットからの展開なら、ポールを入れ替える必要がない分、操作や艤装がシンプルであるところも大きなメリットだったわけで、スピネーカーポールでジェネカーとなると、艤装も操作も煩雑になる。

そこで、スピネーカーポール艇でもよりシンプル操作のジェネカージャイビング、「デバイスジャイブ」をご紹介しよう。

デバイスジャイブでは、スピネーカーポールはそのまま。通常、風上マークではマークをポートサイドに見て回航するポートラウンディングなので、スターボードタックでジェネカー（あるいはスピネーカー）を展開する。ということは、スピネーカーポールは風上舷（スターボードサイド）にセットされている。

スピネーカーポール搭載艇でジェネカーを揚げるということは、軽風ということだ。通常は真風速8kt以下というコンディションになる。それ以上ならスピネーカーを展開することになる。

真風速8kt以下のダウンウインドでは、角度をつけて見かけの風を増す走り（スケーティング）をすることになる。この場合、スピネーカーポールは、ヘッドステイに当たる手前ギリギリまで出すことになる。

デバイスジャイブでは、この状態で風下側（ポートサイド）のアフターガイも利かせて、スピネーカーポールをこの位置で固定。ジャイビング時にはこのままスピネーカーポールをバウポールのように見立ててジャイビングする。

75ページで紹介した、スピネーカーポールを入れ替える方法では、ジャイビングの際にはジェネカーのタックはタックラインの付け根近くまで引き込まれることになるが、デバイスジャイブでは、より遠い位置にタックが固定されているので、よりスムースなジャイビングが可能だ。

● ロングポールの入れ替え

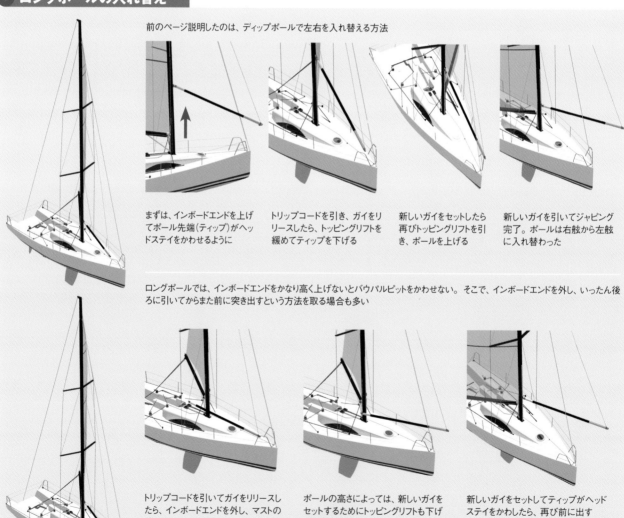

前のページ説明したのは、ディップポールで左右を入れ替える方法

まずは、インボードエンドを上げてポール先端（ティップ）がヘッドステイをかわせるように

トリップコードを引き、ガイをリリースしたら、トッピングリフトを緩めてティップを下げる

新しいガイをセットしたら再びトッピングリフトを引き、ポールを上げる

新しいガイを引いてジャイビング完了。ポールは右舷から左舷に入れ替わった

ロングポールでは、インボードエンドをかなり高く上げないとバウパルピットをかわせない。そこで、インボードエンドを外し、いったん後ろに引いてからまた前に突き出すという方法を取る場合も多い

トリップコードを引いてガイをリリースしたら、インボードエンドを外し、マストの後ろまでいったん引く

ポールの高さによっては、新しいガイをセットするためにトッピングリフトも下げる必要がある

新しいガイをセットしてティップがヘッドステイをかわしたら、再び前に出す

バウマンとマストマンとの二人の作業になるが、ロングポールではディップするよりも効率が良い場合も多い。さて今回は、そこからさらに進めて、ポールを入れ替えないジャイビング方法をご紹介しよう。バウポール的な使い方になる。その名も「デバイスジャイブ」だ

デバイスジャイブ

ベアアウェイセットからジェネカーを展開。スピネーカーポールは右舷側にセットされている。スピネーカー装備艇でジェネカーを展開するということは、軽風のコンディションということ。角度をつけて見かけの風速を上げる走りになる。スピネーカーポールは前に出ているはずだ。そこがミソ

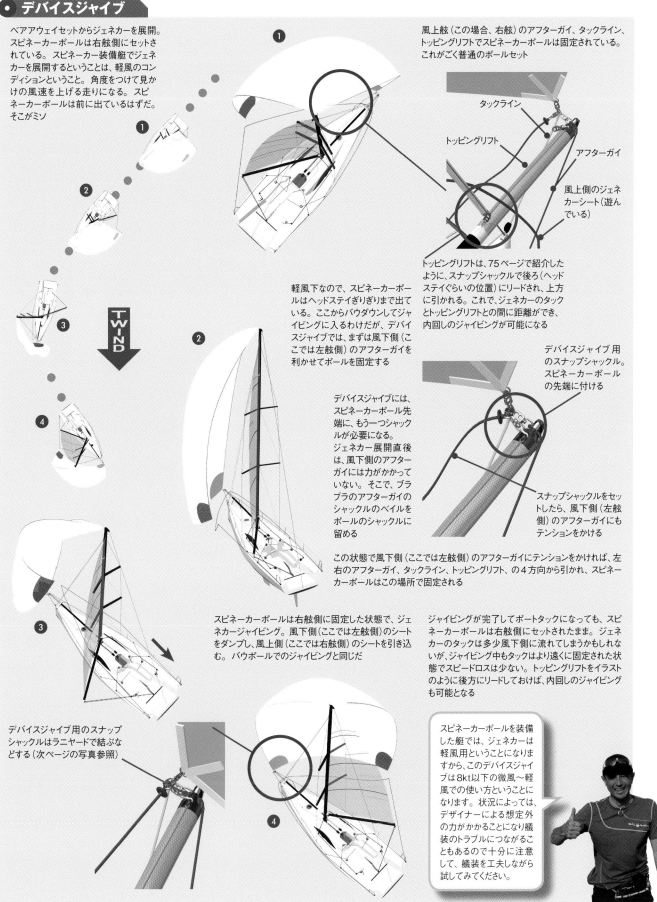

風上舷（この場合、右舷）のアフターガイ、タックライン、トッピングリフトでスピネーカーポールは固定されている。これがごく普通のポールセット

タックライン

トッピングリフト

アフターガイ

風上側のジェネカーシート（遊んでいる）

トッピングリフトは、75ページで紹介したように、スナップシャックルで後ろ（ヘッドステイぐらいの位置）にリードされ、上方に引かれる。これで、ジェネカーのタックとトッピングリフトとの間に距離ができ、内回しのジャイビングが可能になる

デバイスジャイブ用のスナップシャックル。スピネーカーポールの先端に付ける

スナップシャックルをセットしたら、風下側（左舷側）のアフターガイにもテンションをかける

軽風下なので、スピネーカーポールはヘッドステイぎりぎりまで出ている。ここからバウダウンしてジャイビングに入るわけだが、デバイスジャイブでは、まずは風下側（ここでは左舷側）のアフターガイを利かせてポールを固定する

デバイスジャイブには、スピネーカーポール先端に、もう一つシャックルが必要になる。ジェネカー展開直後は、風下側のアフターガイには力がかかっていない。そこで、ブラブラのアフターガイのシャックルのベイルをポールのシャックルに留める

この状態で風下側（ここでは左舷側）のアフターガイにテンションをかければ、左右のアフターガイ、タックライン、トッピングリフト、の4方向から引かれ、スピネーカーポールはこの場所で固定される

スピネーカーポールは右舷側に固定した状態で、ジェネカージャイブ。風下側（ここでは左舷側）のシートをダンプし、風上側（ここでは右舷側）のシートを引き込む。バウポールでのジャイビングと同じだ

ジャイビングが完了してポートタックになっても、スピネーカーポールは右舷側にセットされたまま。ジェネカーのタックは多少風下側に流れてしまうかもしれないが、ジャイビング中もタックはより遠くに固定された状態でスピードロスは少ない。トッピングリフトをイラストのように後方にリードしておけば、内回しのジャイビングも可能となる

デバイスジャイブ用のスナップシャックルはラニヤードで結ぶなどする（次ページの写真参照）

スピネーカーポールを装備した艇では、ジェネカーは軽風用ということになりますから、このデバイスジャイブは8kt以下の微風〜軽風での使い方ということになります。状況によっては、デザイナーによる想定外の力がかかることになり艤装のトラブルにつながることもあるので十分に注意して、艤装を工夫しながら試してみてください。

デバイスジャイブ用の艤装

デバイスジャイブにはデバイスジャイブ用の艤装が必要になる。それも、通常のスピネーカーも展開できるように、となかなか複雑だ。

写真はファースト35における、デバイスジャイブ用の改造例だ。

デバイスジャイブでは、スピネーカーポール先端に専用のスナップシャックルが必要になる。ポートタックに返したときに、ポールを風上に引っ張る力が必要だからだ。

また、前ページでも紹介したようにトッピングリフトをポールの後方にリードできるようにしておけば、内回しのジャイビングも可能になる。

スピネーカーポール先端のジョーを開くためのロープがトリップコード。ディップポール艤装では、マスト側（インボードエンド）から操作するためのものとは別に、先端（ティップ）側にも同じコードが付いていて、先端部からも操作できるようになっている。通常はポール下部から出ていることが多いが、ここでは上部に。ジェネカー使用時はポールの位置は低くなる。バウパルピットのすぐ上くらい。となると、バウマンが操作するには上から操作できたほうが楽だ。ブラブラしないようにマジックテープで留めてある

トッピングリフトを後ろにリードするためのスナップシャックル

ジェネカー用にポールをセットすると、こんな感じ

右舷側のアフターガイ。スピネーカーポールにシャックルが食い込まないようにシャックルガードが付いている

ジェネカーのタックが付く、タックラインのスナップシャックル。取り付け部はより大きいラージベイルのものを使用し、そこに左右のアフターガイ・シャックルが付く

左舷側のアフターガイ。スピネーカー展開時にはこのベイル（スナップシャックル取り付け部のリング）にスピネーカーシートのシャックルが付くので、こちらもラージベイルを使用。デバイスジャイブでは、ここにポール側のシャックルをセットする

デバイスジャイブ用のスナップシャックル。これを左舷側のアフターガイ・シャックルのベイルに掛ける。標準の艤装ではないが、ここでは細いロープ（ラニヤード）でポールに取り付けている

一昔前までは、艇のサイズによる違いはあっても、同程度のサイズの同じリグなら、どの艇も艤装は同じようなものでした。ところが今はさまざまなリグが出てきたこともあり艤装は艇ごとにかなり違います。特にロングポールでスピネーカーもジェネカーも揚げる場合、さまざまな工夫が必要になります。デバイスジャイブをするための艤装というのもその一例にすぎません。バウ周りの艤装をちょっと見てみましょう。写真はファースト35で、私がデバイスジャイブ艤装にした例です。

photos by Norio Igei

スピネーカーポールにスナップシャックルを一つ付け足すだけで、後ろからリードできるようになる。強度的にはトッピングリフトはポール先端から延びていたほうがいいが、軽風下限定ということで、ここにリード。風速が上がってポールバックするようになったらスナップシャックルをリリースして、通常のリードに戻す

ソーセージコースのダウンウインドレグでスピネーカーポール艇がジェネカーを揚げるのは8kt以下の微風～軽風のコンディションになる。となるとポールは前に、ヘッドステイに当たらないぎりぎりくらいまで出ていることになる。軽風下なので、内回しのジャイビングにしたいが、そのためには写真のようにトッピングリフトはヘッドステイの位置くらいまで後ろにリードしたい

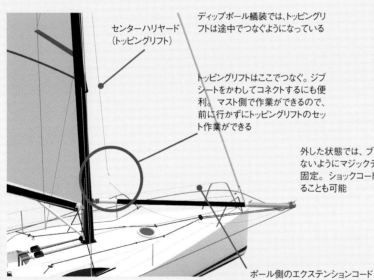

センターハリヤード（トッピングリフト）

ディップポール艤装では、トッピングリフトは途中でつなぐようになっている

トッピングリフトはここでつなぐ。ジブシートをかわしてコネクトするにも便利。マスト側で作業ができるので、前に行かずにトッピングリフトのセット作業ができる

外した状態では、ブラブラしないようにマジックテープで固定。ショックコードで留めることも可能

ポール側のエクステンションコード

トッピングリフトはセンターハリヤードを使うことが多い。ヘッドステイの付け根にイグジット（ハリヤードの上の出口）があれば、トッピングリフトをプリセットした状態（ちょっと緩んでいる）でジブと干渉しない。その場合は、ジブハリヤードには左右のウイングハリヤードを使う

ジブハリヤードレストロープは、普段はこのように下ろしたジブハリヤードを留めて使う。ジブはセットした状態で、このシャックルを外しただけでホイストできる。ランナー付きのインラインスプレッダー艇では、ダウンウインド時にこの状態でジブハリヤードを強く引き、マストを真っすぐ直立させるためにも使われる

マストフォアードするときは、かなりのテンションがかかるので、シャックルはハリヤード部に留めないように。写真のようにハリヤードシャックルのベイル部に留める

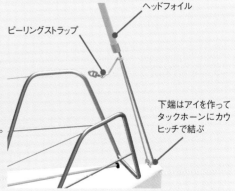

ジブハリヤードレストロープ（ピーリングストラップ）

現在大勢を占めるスウェプトバックスプレッダー艇では、ダウンウインド時にマストフォアードさせることはないが、このロープがあると何かと便利。次ページで解説するように、スピネーカーピール時にはピーリングストラップとして使うこともできる

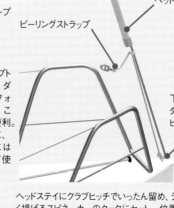

ヘッドフォイル

ピーリングストラップ

下端はアイを作ってタックホーンにカウヒッチで結ぶ

ヘッドステイにクラブヒッチでいったん留め、シャックルを、新しく揚げるスピネーカーのタックにセット。位置は高いほうがいいが、ヘッドフォイルに巻くとフォイルが割れてしまうので注意

スピネーカーピール

スピネーカーとジェネカーとの違いをおさらいすると、真風速でだいたい8kt以下ならジェネカーが有利。しかし真風速が8ktを超えるあたりから、ポールバックしてバウダウンできるスピネーカーのほうが有利になってくる。スピネーカー艇と、バウポール＆ジェネカー艇での勝負のあやはこのあたりにある。

同じジェネカーでも、74ページから見ているスピネーカーポールを使って展開するジェネカーの場合、風速が上がってきたときにポールバックしてバウダウンできるところが利点となる。スピネーカーも搭載しているわけだから、風上マーク回航時に10kt以上吹いているなら、迷わずスピネーカーを展開すればいいわけだが、風上マーク回航時点で真風速が8kt以下、その後、風が上がってきたら下マークまでポールバック＆バウダウンでなんとかもたせ

て下マーク回航、次の上マーク回航でスピネーカーを展開、という使い方ができる。

とはいえ、ロングレースではそうもいかない。真風速8kt以下のジェネカーコンディションから徐々に風速が上がり、スピネーカーコンディションとなり、それが長く続くようなら、ジェネカーからスピネーカーへのセールチェンジが必要になる。その逆（スピネーカーからジェネカー）もあり。あるいはスピネーカー同士、例えばS1からS2へ

● スピネーカーピール

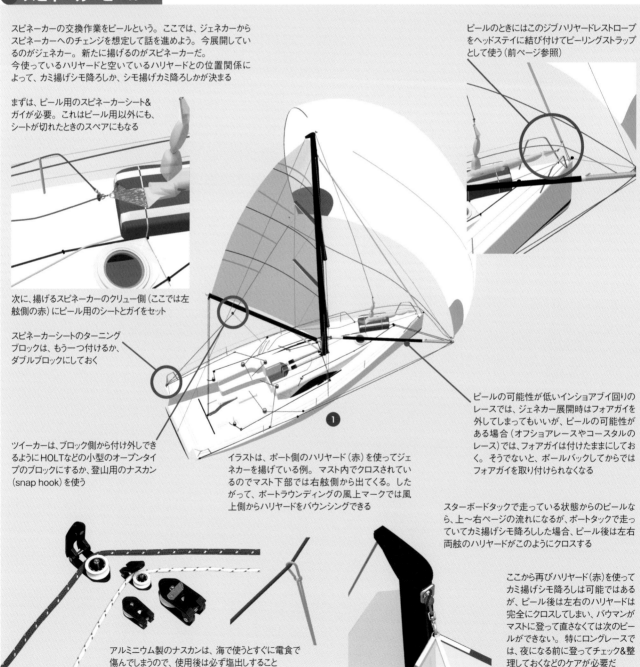

スピネーカーの交換作業をピールという。ここでは、ジェネカーからスピネーカーへのチェンジを想定して話を進めよう。今展開しているのがジェネカー。新たに揚げるのがスピネーカーだ。今使っているハリヤードと空いているハリヤードとの位置関係によって、カミ揚げシモ降ろしか、シモ揚げカミ降ろしかが決まる

まずは、ピール用のスピネーカーシート＆ガイが必要。これはピール用以外にも、シートが切れたときのスペアにもなる

次に、揚げるスピネーカーのクリュー側（ここでは左舷側の赤）にピール用のシートとガイをセット

スピネーカーシートのターニングブロックは、もう一つ付けるか、ダブルブロックにしておく

ツイーカーは、ブロック側から付け外しできるようにHOLTなどの小型のオープンタイプのブロックにするか、登山用のナスカン（snap hook）を使う

アルミニウム製のナスカンは、海で使うとすぐに電食で傷んでしまうので、使用後は必ず塩出しすること

イラストは、ポート側のハリヤード（赤）を使ってジェネカーを揚げている例。マスト内でクロスされているのでマスト下部では右舷側から出てくる。したがって、ポートラウンディングの風上マークでは風上側からハリヤードをバウンシングできる

ピールのときにはこのジブハリヤードレストロープをヘッドステイに結び付けてピーリングストラップとして使う（前ページ参照）

ピールの可能性が低いインショアブイ回りのレースでは、ジェネカー展開時はフォアガイを外してしまってもいいが、ピールの可能性がある場合（オフショアレースやコースタルのレース）では、フォアガイは付けたままにしておく。そうでないと、ポールバックしてからではフォアガイを取り付けられなくなる

スターボードタックで走っている状態からのピールなら、上～右ページの流れになるが、ポートタックで走っていてカミ揚げシモ降ろしした場合、ピール後は左右両舷のハリヤードがこのようにクロスする

ここから再びハリヤード（赤）を使ってカミ揚げシモ降ろしは可能ではあるが、ピール後は左右のハリヤードは完全にクロスしてしまい、バウマンがマストに登って直さなくては次のピールができない。特にロングレースでは、夜になる前に登ってチェック＆整理しておくなどのケアが必要だ

といったセールチェンジの可能性もある。

スピネーカーやジェネカーなどのダウンウインド用セールのチェンジをピールという。古いセールを降ろす作業がちょうど果物の皮を剥く(peel)ような動作になるからだ。

ピールの実際をイラストで見ておこう。これも艇のサイズや艤装でいろいろな方法があるが、30〜35ft程度の小型〜中型艇で用いられる最もシンプルな方法だ。

このほかにも、右下のイラストのような

スナップシャックルを用意して、(1)新しく揚げるスピネーカーのタックにセット、(2)揚がっているセールのアフターガイのベイルに留めてホイスト、(3)揚がっていたセールはアフターガイのシャックルをカットして取り込む、というピールもある。

この場合、ポールバックされていればポール先端まで手は届かないので、バウマンがポール先端まで伝って作業しなければならない。

逆に、降ろしてから揚げるという安全な方法もある。この場合はピールとは呼べないのかもしれないが、状況やクルーの錬度、艤装によって、どのような段取りでいくか、バリエーションが多いほど、戦術的な選択肢は広がっていく。錬度が上がれば、マーク回航でジャイビングしながらのピール「ジャイブピール」もあり。クルー全員が段取りを把握していなければうまくいかないので、普段から準備しておこう。

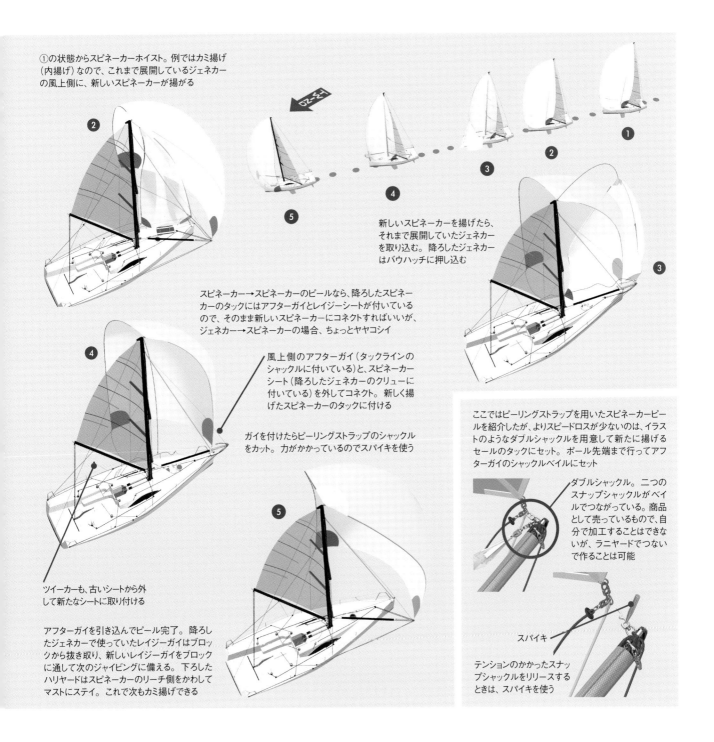

①の状態からスピネーカーホイスト。例ではカミ揚げ(内揚げ)なので、これまで展開しているジェネカーの風上側に、新しいスピネーカーが揚がる

2

1

2

3

4

5

新しいスピネーカーを揚げたら、それまで展開していたジェネカーを取り込む。降ろしたジェネカーはバウハッチに押し込む

3

スピネーカー→スピネーカーのピールなら、降ろしたスピネーカーのタックにはアフターガイとレイジーシートが付いているので、そのまま新しいスピネーカーにコネクトすればいいが、ジェネカー→スピネーカーの場合、ちょっとヤヤコシイ

4

風上側のアフターガイ(タックラインのシャックルに付いている)と、スピネーカーシート(降ろしたジェネカーのクリューに付いている)を外してコネクト。新しく揚げたスピネーカーのタックに付ける

ガイを付けたらピーリングストラップのシャックルをカット。力がかかっているのでスパイキを使う

5

ツイーカーも、古いシートから外して新たなシートに取り付ける

アフターガイを引き込んでピール完了。降ろしたジェネカーで使っていたレイジーガイはブロックから抜き取り、新しいレイジーガイをブロックに通して次のジャイビングに備える。下ろしたハリヤードはスピネーカーのリーチ側をかわしてマストにステイ。これで次もカミ揚げできる

ここではピーリングストラップを用いたスピネーカーピールを紹介したが、よりスピードロスが少ないのは、イラストのようなダブルシャックルを用意して新たに揚げるセールのタックにセット。ポール先端まで行ってアフターガイのシャックルベイルにセット

ダブルシャックル。二つのスナップシャックルがベイルでつながっている。商品として売っているもので、自分で加工することはできないが、ラニヤードでつないで作ることは可能

スパイキ

テンションのかかったスナップシャックルをリリースするときは、スパイキを使う

第③章 風下マーク回航

ダウンウインドレグの終点は風下マークだ。
風下マークを回航し再び風上マークを目指す2週目のアップウインドとなる。
風下マーク回航ではアップウインドセールを揚げて
ダウンウインドセールを取り込むという作業が発生する。

風下マーク回航のパターン

風上マークで一点に集まった艇団は、ダウンウインドでも左右に広がる。ダウンウインドでのベストアングルも結構広いのだ。そしてその艇団が再び密集するのが風下マークだ。

● 風下マーク回航の航跡

風上マークから風下マークへ向かうダウンウインドレグの終点が風下マーク。ここから再び風上マークへ向かう折り返し地点でもある。なるべくマークの近くを回りたい

・風上マークの位置

とはいえ、風上マーク回航の航跡（50ページ）と同じく、ヨットは直角には曲がれない。特に風下マークでは、コンディションによっては90度以上回頭する必要もある

風下マーク

航跡パターンA

風下マーク回航には、大きく分けて三つの航跡パターン（A、B、C）がある。それぞれのパターンで生じるロスを、①、②、③の三つに分けて考えてみよう

ロス①
アプローチレイラインでのオーバー

ロス③
回航後のクローズホールドでの高さのロス

ロス②
マーク回航で膨らんでしまうことの距離的なロス

風下マークギリギリを狙うのがパターンA。ここではロス①はゼロだが、ロス②、ロス③共に大きくなる。アプローチ時点で風が右に振れれば、次のパターンBになるが、左に振れるとベストアングルより落として走ることになり、艇速は落ち、ロス②、ロス③はさらに大きくなってしまうかもしれない

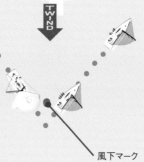

風上マーク回航時に説明した時計の文字盤をここでも加えてみました。直接風下マークを狙うと、マーク通過後に舵を切ることになり、イラストのように距離的にもかなりロスをしますし、風振れリスクも大きくなります。特に最後のアプローチでは失速させないようにスピードをつけて走りたいので、風の振れで無理やり落として走る羽目になるような事態は避けたいところ。となると、選ぶのはパターンBかパターンCに。

風下マーク回航後に右展開したいならパターンBもありですが、他艇との位置関係からは、風上側を押さえたパターンCも有効ということになりますね。

ちょっと風向が変わればレイラインも変わる。風速が上がっても下がっても、ベストアングルが変わるのでレイラインも変わる。レイラインは細い1本の線ではなく、ある程度幅がある。レイラインには余裕が必要ということでもある

単独で回航するなら、マークをきれいに回ることが最優先。少し早めにスピネーカーやジェネカーを降ろすように指示しています。

自分たちがインサイドに位置する場合、3艇身サークルに入るまでギリギリの攻防をしていることが多いと思います。そこでは、スピネーカーやジェネカーを素早く降ろす技術が要求されます。日ごろからの回航練習はもちろん、トラブルが起こった場合に素早く対処するための経験も必要になります。

自分たちがアウトサイドの場合、インサイドの艇にルームを与えなければならないため、3艇身サークルに入る前に状況を把握。一番アウトサイドにいるなら、早めにスピネーカーダウン。内側の艇が競り合いでマークをうまく回れていなければここから一番内を攻める。先行艇がきれいに回っているなら、こちらもきれいにマークを回航し次の戦略がより生かせるように対応します。

風下マークでは回航前に次のアップウインド用のセールを揚げ、ダウンウインド用のセール（スピネーカーやジェネカー）を回収することになる。

風上マーク回航でうまくスピネーカーが揚がらなくても、ヨットは風下マークへ向かって走ることは可能だ。スピードが出ないだけの話。

ところが、風下マークでダウンウインドセールの回収に失敗すると、スピードが出ないどころか場合によってはまったく風上に上れず、ヨットは止まるかさらに風下に流されていってしまうことすらある。風下マークでのミスは単に順位を落とすのみならず、最悪そのレースを失うことにもなりかねないのだ。

加えて、風下マークでのレイラインはポートタックとなり、そこへ航路権を持つスターボードタック艇がやってきて、しかしジャイビングしなければマークは回れない、と、風上マーク回航以上に多くのパターンがある。

まずはその航跡と戦略戦術について、風上マーク同様、ノースセール・ジャパンの中村 匠選手にアドバイスをもらった。

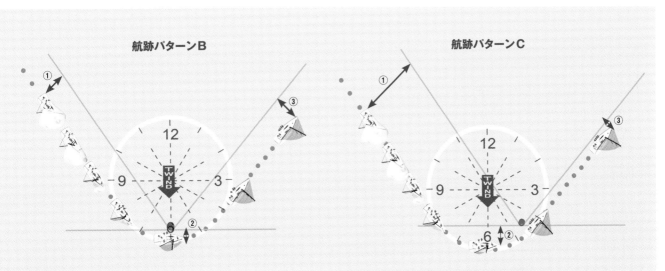

航跡パターンB

6時の位置でマークを通過するのがパターンB。ロス②はない。ロス①、ロス③は多少あるが、走る距離は最も少なくて済む。周りにライバル艇がいないようなときは、このパターンがおすすめ

航跡パターンC

4時半から5時くらいの位置でマークを抜けるのがパターンC。ロス①は大きくなるが、ロス③がなくアップウインドでより有利な位置につけるので、先行艇がいる場合などはこちら。アプローチで左に風が振れればパターンBになるが、右に振れると少しオーバーセールで上り気味のアプローチになってしまう。この場合、しっかりスピードをつけて回航し、回航後は右振れに合わせて早めにタッキングすると、流れがよくなる

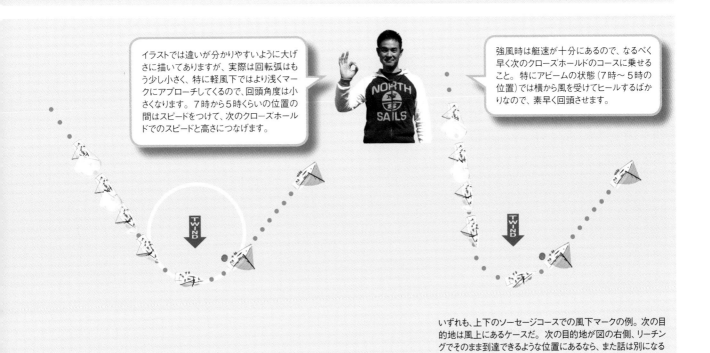

イラストでは違いが分かりやすいように大げさに描いてありますが、実際は回転弧はもう少し小さく、特に軽風下ではより浅くマークにアプローチしてくるので、回頭角度は小さくなります。7時から5時くらいの位置の間はスピードをつけて、次のクローズホールドでのスピードと高さにつなげます。

強風時は艇速が十分にあるので、なるべく早く次のクローズホールドのコースに乗せること。特にアビームの状態（7時〜5時の位置）では横から風を受けてヒールするばかりなので、素早く回頭させます。

いずれも、上下のソーセージコースでの風下マークの例。次の目的地は風上にあるケースだ。次の目的地が図の右側、リーチングでそのまま到達できるような位置にあるなら、また話は別になる

アプローチ

通常のフリートレースではマークをポート側に見て回航する。となると、風上マークでは、ヨットは航路権を持つスターボードタックで回航することになる。ポートタックでアプローチしても、最後はどこかでスターボードタックに返さなければならない。

ところが、風下マークでは、ポートタックでマークを回ることになる。ポートタックのレイラインに乗る艇に対して、直接スターボードタックでアプローチするケースも多くなる。スターボードタック艇は、航路権を持っていること、インサイドにオーバーラップできること、などから有利な点もいろいろある。

とはいえ、スターボードタックでのアプローチでは、マーク回航前にやはりジャイビングをしなければならず、そうなると、どのタイミングでジブを揚げ、どのタイミングでスピネーカーを降ろすのか、マークまでの距離などからさまざまなバリエーションができてしまう。

取り込みサイド

アップウインド用のセール（ジブ）を揚げ、

● スターボードタックでのアプローチ

風上マークでは、最終的にはスターボードタックで回航することになる。ポートタックでのアプローチでもどこかでスターボードタックに返すことになるわけだが、ルール上、マークから3艇身ゾーン内でのタッキングは基本的にできないと思っていい。ポートタックでのアプローチは、マークから5艇身〜6艇身くらいの距離でスターボードタックのレイラインに乗せて、ということになる

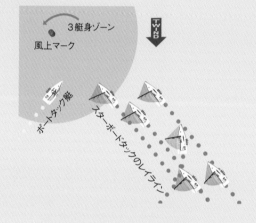

風下マークでは、最終的にはポートタックでマークを回ることになる。ポートタックでのレイライン上からマークにアプローチするほうがシンプルな回航となるが、航路権を持つスターボードタックでのアプローチからジャイビングしてマークを回航するケースも多々起こる

青艇はスターボードタックなので航路権を持ち、オーバーラップもしているので、ポートタックの黄艇は青艇を避けていなければならず、マークを回航するルームも与えなければならない

とはいえ、青艇はジャイビングしてからマークを回航することになる。アプローチ次第ではイラストのように先にマークを回っても、その後のアップウインドレグでは黄艇に先行されてしまうこともある

当然ながらジャイビングで艇速は落ちます。大型艇で巨大なジェネカーを展開しているような艇では、取り込みにも時間がかかるし小回りも利かず、ここでのロスが大きくなるわけで、いかにスピードや距離のロスを減らすかがキーポイントになります。逆に、小回りが利く小型艇にとっては、大型艇に差を詰めるチャンスでもありますね。

ヘッドセールトリマーとしては、ここはやっぱりスピード。回航後のトリムも重要ですが、艇種によって、スピントリマーとジブトリマーが兼ねる場合もあったりして話はヤヤコシく、詳しいことは後ほど。

前の艇が詰まっているときはスピードをコントロールする場合もありますが、基本的にはベストスピードで回航できるようにセールトリムをすることが重要です。

つい焦って早くから一気にメインシートを引きがちですが、艇の回転とヒールアングルに合わせてトリムすることを心がけています。

ダウンウインド用のセール（スピネーカー、ジェネカー）を降ろす。これが風下マーク回航時の基本的な作業となる。

　風下マーク回航後は再びアップウインドレグとなり、2度目の風上マーク（2上）回航につながるわけだが、風下マークでスピネーカーを取り込む際に、次の風上マークでの作業を考えて作業をしておけ

ば、——具体的には、次の風上マークでベアアウェイセットが予想されるなら左舷側にスピネーカーを降ろしておけば、アップウインドレグでの作業が減り、その分ハイクアウトでき、アップウインドでのスピードおよび高さを保つことができることになる。

　次の風上マーク回航を念頭に、どちらのサイドに取り込んで、スピネーカーポー

ルはどのように収納するか。これらも、風下マーク回航作業でのポイントになる。

ゲートマーク

　このように、風下マークの回航は、風上マークに比べ、バリエーションが広い。混雑し艇速も出ているので、大きな事故に至る可能性もある。

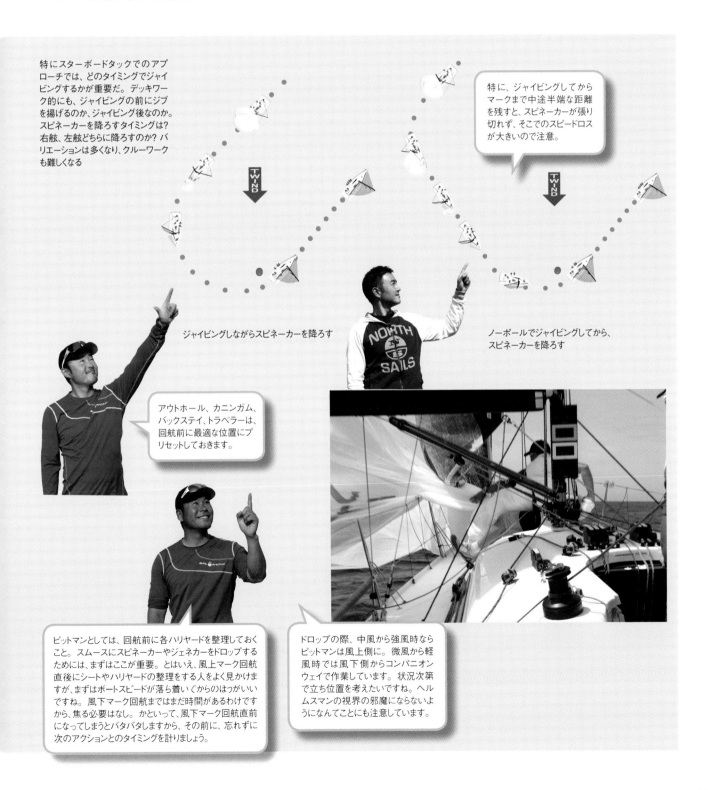

特にスターボードタックでのアプローチでは、どのタイミングでジャイビングするかが重要だ。デッキワーク的にも、ジャイビングの前にジブを揚げるのか、ジャイビング後なのか。スピネーカーを降ろすタイミングは？右舷、左舷どちらに降ろすのか？バリエーションは多くなり、クルーワークも難しくなる

特に、ジャイビングしてからマークまで中途半端な距離を残すと、スピネーカーが張り切れず、そこでのスピードロスが大きいので注意。

ジャイビングしながらスピネーカーを降ろす

ノーポールでジャイビングしてから、スピネーカーを降ろす

アウトホール、カニンガム、バックステイ、トラベラーは、回航前に最適な位置にプリセットしておきます。

ピットマンとしては、回航前に各ハリヤードを整理しておくこと。スムースにスピネーカーやジェネカーをドロップするためには、まずはここが重要。とはいえ、風上マーク回航直後にシートやハリヤードの整理をする人をよく見かけますが、まずはボートスピードが落ち着いてからのほうがいいですね。風下マーク回航まではまだ時間があるわけですから、焦る必要はなし。かといって、風下マーク回航直前になってしまうとバタバタしますから、その前に、忘れずに次のアクションとのタイミングを計りましょう。

ドロップの際、中風から強風時ならピットマンは風上側に。微風から軽風時では風下側からコンパニオンウェイで作業しています。状況次第で立ち位置を考えたいですね。ヘルムスマンの視界の邪魔にならないようなんてことにも注意しています。

そこで、混乱を防ぐために、風下マークを二つ設置し、どちらを回航してもよいとするケースもある。これをゲートマークと呼んでいる。

通常の風下マークは風上マーク同様、マークを左舷に見て回航するポートラウンディングになるが、ゲートマークで右ゲートを回航するにはスターボードラウンディングにもなり、デッキワークはより複雑になる。その上、どちらのマークを回るのか、直前になるまでタクティシャンが決められない、あるいは他艇の動向も関係してくるので、回航直前で変更になることもある。あらゆるパターンでのスピネーカー回収を練習し、クルー全員で確認しておこう。

デシジョンコール

ポートタックでのアプローチから、シモ降ろし、カミ降ろし、スターボードタックでのアプローチなら、ジャイビングしてからジブを揚げてのシモ降ろし、カミ降ろし。ジブを揚げてからジャイビングしてポートドロップ。あるいはポートドロップしながらジャイビング、と、パターンごとに、クルー全員が理解できるような呼び方を決めておく必要がある。

作戦を決めたら、後ろでデシジョンコール。場合によっては、デッキクルーはそれに応えられないかもしれない、その場合は、その航跡パターンに合わせて勝手に

● 取り込みサイド

風上マーク回航の基本はベアアウェイセット。ポートラウンディングならスターボードタックで、左舷側にスピネーカーをセットする

そこで、風下マーク回航では、次の風上マーク（2上）回航を考えると、左舷側にスピネーカーを降ろしたい

となると、2上がジャイブセットになる可能性が高いなら、ジャイブセット用に右舷に取り込むというチョイスもありだ

ジャイブセット＝風が右に振れているということだから、次のアップウインドレグではスターボードタックが長いということでもある。風下マーク回航後すぐにタッキングする可能性も高くなる……と、デッキクルーは、後ろから言われなくても察して、すぐにタッキングできるよう、デッキ上をクリアにしよう

ここで紹介しているのは、次の風上マークでスピンセットしやすいように……と先を読んでのテイクダウンです。実際のレースではこうもいかず、なんらかのミスがあり、それをカバーするために……とバリエーションも多くなります。まずは基本のテイクダウンをしっかり身につけ、さまざまなバリエーションを身につけていきましょう。

どんなケースにおいても、大きなミスをしてはいけないというのが最優先。スピネーカーがバウ先に落ちてマーク回航できないなんて致命的なミスはレースを壊します。マークとの距離、時間がどのくらいあるのかを判断して作業開始。同時に、マークに向かってくる他艇との関係も重要です。

回航後の戦略、タッキングなのかそのままストレートに走るのかも併せて回航前にタクティシャンからコールしておくことで、各クルーの気持ちの準備ができ、その後の動きもスムースになります。

特に自艇がアウトサイドに位置した場合、回航後に先行艇のシットエアを避けて即タッキングとなることが多くなります。クルーはすぐにタッキングできるよう準備が大切になります。

テイクダウンに入ることもある。

クリア・ツー・タック

　風下マーク回航の最大の目標は、いかに次のアップウインドレグを有利に走るかということ。そのためには、回航コースも重要だし、その際の艇速と高さも重要だ。

アップウインドの艇速と高さということならヒールを起こすことが重要になり、そのためには、作業が終わったらすぐにハイクアウトに入る。

　さらには、すぐにタッキングできる状態にする必要もある。アップウインドレグで左海面に行きたい。あるいは先行艇の悪い

風（シットエア）を避けるためにすぐさまタッキングしたいこともあるだろう。そのときに下ろしたスピネーカーポールがジブシートの上に乗っていてタッキングできない、なんてことにならないよう、タッキングできる状態「クリア・ツー・タック」の状態にして、すぐにハイクアウトしよう。

● ゲートマーク

混乱を避けるため、二つの風下マークを用意したものをゲートマークという

ゲートマークまでの距離や、どちらのゲートを回航するか。常にタクティシャンとコミュニケーションを取り、スピネーカーやジェネカーをどちらのサイドに降ろすのか、後ろのタクティシャンと前のバウマンとしっかりコミュニケーションを取っておくことが重要です。

右ゲートを回航するには、ゲートを右舷に見て回るスターボードラウンディングになる

右ゲート　　左ゲート

ゲートマークの戦略的な有利不利は、フィニッシュラインと同様に考えれば理解しやすい。左右それぞれのゲートにポート、スターボード各1本ずつのレイラインがある

基本的には、ゲートマークは風向と直角に設置されるので、イラストにするとこんな感じ

このゾーンにいるなら、左右どちらのゲートマークへも距離は同じ

左ゲートへはすでにオーバーセール。右ゲートのほうが近い

左ゲートのほうが近い

右ゲート　　左ゲート

指示は、ジブトリマー、ピットマンにコール。ピットマンから伝言ゲームでみんなに伝えていきます。ハリヤードダウンのタイミングはタクティシャンから出すのが一番いいかもしれません。5秒前から大きな声でカウントダウン。3秒前からピットがカウントダウンして前のクルーに伝え、「ゼロ」でハリヤードオフ。

ところが実際には、左右のゲートマークは必ずしも風向に直角に設置されているとは限らない。このイラストでは左ゲートのほうが近い。フィニッシュラインと違い、行って帰る往復分になるので、有利不利の差は大きい

戦略的には、より近い左ゲートを回航したいところだが、戦術的にそうもいかないこともある。例えばこのイラストでは、スターボードタックで航路権を持つ青艇によって、ポートタックの黄艇はそう簡単には左ゲートを回らせてもらえないかもしれない。それでも右ゲートを回るより左ゲートを目指すのか？

右ゲート　　左ゲート

風下マークは、回る状況によって戦略がさまざまに変化します。クルーはそれぞれの状況に合わせて動けるように、これはもう練習が必要ですね。艇が大きくなればなるほどコミュニケーションが非常に大切なので、日ごろの練習でしっかりコミュニケーションを取っていきましょう。

スターボードラウンディングの可能性もあるとなると、風下マーク回航のバリエーションはさらに増える。ポートタックのアプローチかスターボードか、右舷、左舷のどちらが風上、風下になるのか、ジャイビングのタイミングは？他艇の動向は？選択肢は広く、デッキクルーはあらゆる要求に応じられるように、前は前で段取りを打ち合わせておこう

ポートアプローチ

　風下マーク回航パターンの中から、まずは基本型であるポートアプローチから。ポートタックのレイラインからそのままジブアップ、スピネーカードロップしての回航を、ポートアプローチという。

　マークを左舷（ポートサイド）に見て回航するポートラウンディングの場合、風下マークは必ずポートタックの状態で回航することになる。スターボードタックの状態でマークにアプローチしても、最終的にはどこかでジャイビングしてポートタックの状態になってから回航することになるわけで、ここでいうポートアプローチとは、完全にジャイビングが完了した状態でポートタックのレイライン上を走ったうえでのアプローチという意味だ。ポートアプローチには、風下側（右舷）にスピネーカーを取り込むシモ降ろし（リーワードド

ロップ）と、風上側（左舷）に取り込むカミ降ろし（ウインドワードドロップ）との２パターンがある。

風上降ろし

　ポートアプローチから風下側にスピネーカーを回収するパターンを、コンベンショナルドロップ（conventional：普通の、平凡な）と呼ぶ。ポートアプローチ＆シモ降ろしが最も基本的なパターンということだ。

● 準備

スピネーカードロップの際には、スピネーカーハリヤードがスムースに下りてこないと重大なミスとなる。ハリヤードは一気に出ていくので、途中で絡まないように事前にフレークしておく

photo by Kazuhiro Takatsuki

前回説明したように、スピネーカーのテイクダウン前にスピネーカーハリヤードをさばいておくのは基本中の基本。これが途中でスタックすると、もう最悪です。かといって、上マーク回航直後に整理する必要もなく、でもダウンウインドレグの途中でスピンバーストなんてこともあるわけで、いつでもスムースに出ていくように整理しておく必要があります。

小型艇なら、ロープエンド（テール側）からキャビン内に放り込んでいく程度でOKですが、大型艇なら、大きな８の字にテール側から上に重ねていくような感じでフレークします。ぐるぐる丸めるコイルでは、かなりの確率で絡まるので注意。

メインセールトリマーは、アウトホール、バックステイをあらかじめ定位置まで引いておく。通常、バックステイはメイントリマーの手元にあっても、アウトホールはピットマンが操作することも多い。艤装によって誰がいつ操作するのか決めておこう

バックステイ。艤装によって配置は異なる

メインシート

しかし、次の風上マーク回航でベアアウェイセットになることを想定すると、シートとガイは左舷側に下ろしておいたほうがいい。次の風上マークではそのままスピネーカーを展開することができるからだ。となると、ポートタックでのアプローチでは風上降ろしのほうがいい、ということになる。

モデルとなっている艇種（A35）は、エンドツーエンドのジャイビングシステムでマストヘッドのスピネーカーを展開している。

（68ページ参照）風上降ろしのためには、まずはスピネーカーポールを外して右舷側のデッキに収納、バウマンがポールカットをしたら、マストマンは手でアフターガイを外に張り出し、スピネーカーに風をはらみやすいように保持する。61ページで出てきたマンポールだ。そのまま手にしたアフターガイを引き込んで左舷側にスピネーカーを収納、という段取りになる。

この時点でスピネーカーポールはすでにデッキに収納されているわけで、そのままクローズホールドからタッキングまで可能な状態となり、スピネーカードロップの手順としてもきわめて合理的だ。このサイズのエンドツーエンド艤装のスピネーカー艇なら、ポートアプローチでは風上降ろしが基本と考えてもいいだろう。

ということで、風下マーク回航の基本である、ポートアプローチ＆カミ降ろしを、写真で詳しく見ていこう。

• ポートアプローチ＆カミ降ろし

ポートアプローチ＆カミ降ろしの手順
①スタンバイ──スピネーカーハリヤードのフレーク、アウトホール、カニンガム、バックステイのトリム
②ジブアップ
③ポールカット、オンデッキ
④スピネーカーハリヤードダウン、取り込み
⑤ジブハリヤードのファイナルセット
⑥ジブシート、メインシートの引き込みとなる。

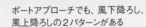
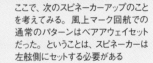

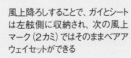

ポートタックで風下マークにアプローチ。実際には風が振れてポートの一本コースにでもならない限り、スターボードタックの状態からどこかしらでジャイビングしてポートタックのレイラインに乗せるわけだが、完全にジャイビングを終えた状態でポートタックのレイラインを走り、そのままマーク回航するのが、ポートアプローチと呼ばれるパターン。ノージャイブイン、ストレートイン、とも呼ぶ

ポートアプローチでも、風下降ろし、風上降ろしの２パターンがある

ここで、次のスピネーカーアップのことを考えてみる。風上マーク回航での通常のパターンはベアアウェイセットだった。ということは、スピネーカーは左舷側にセットする必要がある

風下マーク

となると、その前の風下マークでは、左舷側にスピネーカーを回収しておいたほうが都合がいいことになる。ポートタックでのアプローチでは、スピネーカーは風上側に回収すれば左舷側に降りることになる

風上マーク

風下マークの方向

風上降ろしすることで、ガイとシートは左舷側に収納され、次の風上マーク（２カミ）ではそのままベアアウェイセットができる

ポートアプローチで風上降ろしの場合、ジブアップに続いてポールカット、そしてスピネーカーダウンとなる。先にスピネーカーポールを外してデッキに収納してしまうことで、スピネーカーが降りた時点でいつでもレディー・ツー・タックということになり、作業の段取りとしても理にかなっている。従来はポートアプローチで風下降ろしがコンベンショナル（普通）だったが、今ではポートアプローチで風上降ろしのほうがコンベンショナルといえるのかもしれない。次ページから、ポートアプローチ＆カミ降ろしの実際を見ていこう

● ポールカットからオンデッキ

まずはジブアップ。風下マークまでの距離と艇速からタイミングを見てジブアップ。マストマンはマストサイドでジブハリヤードをバウンスする。通常は右舷側にスピネーカーハリヤード、左舷側にジブハリヤードがある

ジブアップしてから、スピネーカーポールの回収

TWIND

風上マークでベアアウェイセットだったなら、ジブは左舷に降りているはず。スターボードタックで降ろしたジブをポートタックで揚げるわけだから、ジブシートを付けたままの状態からジブアップすると、ジブシートはフォアガイの前を回って、こうなってしまうが、このままでOK

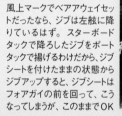

ここでスピネーカーポールの回収。スピネーカーダウンより先にポールを下ろしてデッキに収納してしまう。ピットマンはフォアガイを緩めるのを忘れないように

バウマンはジャイビングのときと同じような体勢で、まずはマスト側から、次にティップを開放

同時にピットマンはトッピングリフトを緩めてやり、ポールダウン。このときバウマンはポールを後ろに引く。フォアガイが緩んでいないと後ろに引けないので注意

ここは当然ながらピットマンとバウマンの連係プレーで。ジブアップから先はもう作業の連続。トッピングリフトとフォアガイを緩め、カウントダウンでスピネーカーハリヤードダウン。そのままラフィングが始まるので、ジブハリヤードをファイナルまで巻き上げてハイクアウトへ。アウトホールも忘れずに。

風上降ろしの場合、先にポールカットしたほうが作業の流れはスムースになる。対して、風下降ろしで先にポールをカットすると下ろしたポールが邪魔になってしまうので、ポールカットはスピネーカーダウンの後になる。こうしたさまざまな理由から、エンドツーエンド艤装のスピネーカーでのポートアプローチなら、風上降ろしのほうが都合がいい

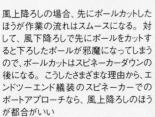

ジブアップ、ポールカットしてからスピネーカードロップ直前まで、いかにスピネーカーをつぶさないようにしてスピードに結び付けるかが重要。スピネーカーポールがない状態で、おまけにジブも揚がっていますからスピネーカーはその陰になってしまい、それでもスピネーカーは風下側に行こうとするのでオーバートリムは禁物。ヘルムスマンには適切なアングルで走ってもらい、シートは出してスピネーカーをフライさせ、さらにはアンヒールさせてスピネーカーをその重みで風上に移動させるなどの工夫が必要になります。ツイーカーは両舷ともにオンで。

下ろしたスピネーカーポールは、ジブシートの外を回してデッキへ

これでスピネーカーポールはジブと干渉せず、いつでもジブを返してタッキングできる状態になった

この時点ではポールはデッキの上に置いてあるだけ

トッピングリフトもこの状態でOK。ポールは海に落ちることはない。この後、スピネーカーのドロップに入る

• カミ降ろし

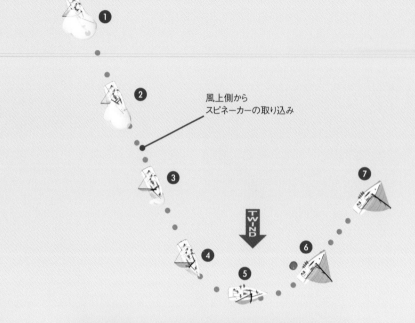

風上側から
スピネーカーの取り込み

ポールを外したらマストマンがアフターガイを手で持って
外に押し出してマンポール。そのまま取り込みに入ると
効率的。写真は6人乗りでマストマンがいないので、
ポールを下ろしたバウマンがアフターガイについている

シート（右舷側）を緩めてスピネーカーを風上側（左舷）
に回す。写真ではジブがポート側に返ってしまっている
がポートタックの状態だ

スピネーカーを風上側に回したらハリヤードダウン。アフターガイを持ったバウマンはそのままアフター
ガイ（スピネーカーのタック。ここでは左舷）側から回収。写真はシングルシートシステムだが、ダブル
シートならレイジーシートで引き込むことになる

ハリヤードを下ろすタイミングから
逆算してカウントダウン。タクティ
シャンから「5、4、3、……」とカ
ウントダウンを始め、ピットマンが「3、
2、1」と続け、カウントゼロでハリ
ヤードを完全にオフします。

ハリヤードカットのコールから逆算して、スピネーカーシートを緩め
ます。緩めるというより一気に放す感じで風を抜き、同時にアフ
ターガイ（左舷）側から回収。スピネーカーが降り始めたら、逆に、
たるんだ分のスピネーカーシート（右舷側）はある程度スラック（た
るみ）を取ってやらないと、シートがバウから下に落ちるので注意。

風上降ろしなら、スピネーカーはジブに張り付くような感じで降りてくるので、風下降ろしのように流れてしまう危険は少ない

降ろしたスピネーカーは、バウハッチからキャビン内に押し込む。キャビン内（ダウンビロー）に1人が入り、中から引っ張り込むと、さらにスムースだ。8人乗りなら、写真の状態にマストマンとフローターとの2人が加わるので手はあるはず

スピネーカーポールは最初に下ろしてしまっているので、このままラフィングしてクローズホールドにつなげ、すぐにタッキングすることも可能だ。これは、バウマンもすばやくハイクアウトに入れることを意味する

スピネーカーの取り込みに入っていたマストマンは、あらかたセールが降りてきたら後はバウマンに任せ、ハイクアウトへ。ピットマンも、ジブハリヤードのファイナルを終えたらハイクアウト。ジブハリヤードにはビニールテープや糸で目印を付けておき、デッキ側には番号を振っておけば、ハリヤードテンションのプリセットができる

ジャーマンスタイルのメインシートなら、引き込みは、メインシートトリマー以外も風下側のウインチを巻く。ここではタクティシャンが巻いている。さらにはマストサイドから手で引くケースもある

降ろしたスピネーカーはこんな感じで、タック、クリュー、ピークの「3点」が出た状態でハッチを閉めてしまう。ガイとシートは付けっぱなし。スピネーカーハリヤードは外してマストサイドに残すケースもあり……と、このあたりは、上マーク回航編で解説したように、次の風上マーク回航に備える

ディップポール艤装の場合

ディップポール艤装については、70ページで解説した。艇のサイズ（スピネーカーポールのサイズ）が大きくなるとデッキ上でポールをエンドからエンドへ回転移動させることが難しくなる。そこで、マスト側は付けたままで先端を振り下げて（ディップ）左右に移動させるものだ。

同じディップポールでも、ノンオーバーラップジブにロングポールの今どきのリグと、オーバーラップジェノアにJサイズ長の

スピネーカーポールを持つ艤装（これをレガシーリグと呼ぶことにする）でもまた若干違ってくるので、まずはそのスピネーカーポール収納の段取りを中心に見ていこう。

レガシーリグでは、スピネーカーポールのマスト側は付けっぱなしになる。トッピングリフトもセンターハリヤードを用いてポール先端に取り付けるので、トッピングリフトを緩めてポール先端をデッキ上に下ろしただけでタッキング可能になる。マスト側

もデッキまで下げればそれで定位置だ。これが言わばレガシーなディップポール艤装となる。

一方、ロングポールの場合、マスト側を付けっぱなしにするとポール先端がかなり前に突き出してしまうのでマスト側も外してしまうケースも多い。

バウポール艇が増えてきており、ロングポールの艤装については、ケース・バイ・ケースで各艇独自のスタイルを見いだす必要がある。

● レガシーリグ

フラクショナル&オーバーラップジブのレガシーリグ艇での最も標準的風下マーク回航となるポートアプローチ／シモ降ろし（コンベンショナルドロップ）がこちら。イラストでざっと紹介しておこう

❶

まずはジブアップ。大型艇では、降ろしたジブは、いったんバッグに入れることも多い。これなら、この段階でのセールチェンジでも簡単に対応できる

ポートタックなのでジブは右舷側にセット。ジブシートはイラストのようにスピネーカーポールの上を通す。実際には、風上マークでスピネーカーを揚げた時点でポールの上に乗っているはず。ジブから外したジブシートの左右をクリップしておけば、ズルズル引き回すだけで反対舷に来る

風下側（右舷）のハリヤードウインチにはスピネーカーシート、プライマリーウインチにはジブシート、風上側のハリヤードウインチにはジブハリヤード、プライマリーウインチにはアフターガイと、四つのウインチのアサインメントは問題ない（126ページ参照）

❷

中型艇なら、風上マークで降ろしたジブはヘッドステイにセットしたままのことが多いと思いますが、ディップポール艤装の大型艇なら、降ろしたジブは、いったんバッグに入れてしまうことが多いです。搭載しているヘッドセールの数も多いため、風下マークでは別なセールを揚げる確率も高くなりますし、タックを付けたままだと、クリュー側をフォアガイの前からかわして反対舷まで回すのが大変です。ダウンウインドの間にバッグに詰めてしまったほうが、風下マーク回航の作業も楽になりますね。

ジブが揚がったところで、風下側にスピネーカーテイクダウン。そこで、バウマンはレイジーシートを持って、取り込み準備完了

❸

タクティシャン、ピットマンがカウントダウン。「3、2、1、ブロー」でスピネーカーハリヤードオフ。一気に出す。このとき、ハリヤードが絡まないようにあらかじめフレークしておくのは当然。特に大型艇では、ここでのミスは許されない

同時にアフターガイは、フォアステイに当たるところまで一気に出して、そこでキープ。その分、スピネーカーシートは引いてフットは張った感じで、ピークが落ちてくるイメージ。もちろん、バウの2人がレイジーシートを引き込んだらスピネーカーシートは緩める

❹

ハリヤードが落ちて風が抜けたところで一気に取り込む。バウマンは最初はフットをたぐり、マストマンはリーチをたぐる。フットが入ったら中央部を。キャビン内（ダウンビロー）に1人入り、中からも引っ張り込む。これはソアマン（sewerman）と呼ばれるポジションとなる

● ディップポールとは?

エンドツーエンドとディップポールとの違いは、70ページ
などで詳しく解説したが、簡単におさらいすると

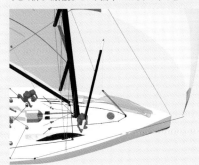

エンドツーエンド艤装では、
前後対称なスピネーカー
ポールをぐるっと回転させ
て入れ替える。外したと
きの定位置は右舷側の
デッキ上

ディップポール艤装では、マスト
側は付けっぱなしでジャイビング
する。スピネーカーを降ろした後
もマスト側は付けっぱなし

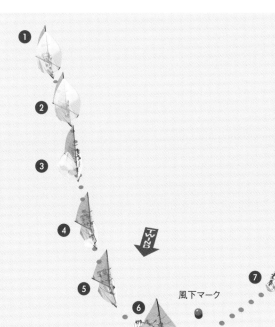

① ② ③ ④ ⑤ ⑥ ⑦

風下マーク

イラストはレガシーリグのケース。ロングポールの場
合、ディップポール艤装でも、下ろしたスピネーカー
ポールはマストから外してデッキへ収納するケースが
多くなります。となると、前回ご紹介したエンドツーエ
ンドのジャイビングシステムのように、
①ポールカット
②風上降ろし
も可能ですが、ポールをマストに付けっぱなしのレガ
シーリグなら、イラストのような風下降ろしのほうがス
ムースかもしれません。ただしポートアプローチで風
下降ろしの場合、次の風上マークでベアアウェイセッ
トをするには、当然ながらギアラウンドが必要になりま
す(ギアラウンドについては56ページ参照)。

スピネーカーがある程度入ってきたら、ピットマンはトッ
ピングリフトを下ろす。ヨットは多少ヒールし、降りてくる
スピネーカーにも引っ張られているので、ポール先端は
ヘッドステイに沿ってデッキまで下りるはず。トッピング
リフトはたるんだ状態で放置し、ジブハリヤードをファイ
ナルまで引き込んでからピットマンはハイクアウト

取り込みが終わったら、バウマンは最後にバウハッチ
を閉めてからポールのインボードエンドを一番下まで
下げる。ジブシートはポールの上に乗っているし、トッ
ピングリフトのイグジットがヘッドステイのすぐ下から出
ている(センターハリヤード)なら、この状態でトッピン
グリフトとジブは干渉しない。タッキング可能(タックレ
ディー)な状態だ。急いでハイクアウトに移ろう

3点(ハリヤード、左右のガイとシート)は、セールごと
バウハッチから船内へ。ソアマンはそのままデッキに
出てハイクアウトへ。フォアガイはカムしたまま、カム
の前でたるみを取っておけば、次の風上マークでは、
スピネーカーダウンのときと同じ位置にプリセットでき
る。マーク回航直後はヒールを起こすことが重要だ。
しばらく走って落ち着いてからトッピングリフトを戻す。
マスト側でつなぐようになっているので、ジブシートをか
わしてマストの根元あたりに留める。次のホイストの
ために、降ろしたスピネーカーをさばく必要もある。う
まく取り込んでいれば、バウマンがデッキから簡単にさ
ばいて3点を外しギアラウンドするなり、大型艇で強
風下ならダウンビローでヤーンしてスピンバッグに入
れるなど、臨機応変に次の風上マークを目指そう

⑤

⑥

⑦

バウポール＆ジェネカーでは

同じポートアプローチでも、ジェネカー艇の場合はどうなるのか。バウポールからジェネカーを展開する艇では、風下マーク回航でもスピネーカーポールを収納する必要がないので作業はずっとシンプルになる。さらに、バウスプリットならバウポールを収納する必要もないのでさらにシンプルになる。

ジェネカーの場合も、ポートアプローチでは風上取り込みとすることが多い。理由は、スピネーカー同様、次の風上マークでのセットが簡単になること。とはいえ、スピネーカーと違い、タックはそのままでクリューを風上側に回し込むことになり、ポールカットの作業がない分、手順こそ少ないが、動作は大きくなるといっていい。小型艇ならまだしも艇が大きくなりジェネカーの

● ジェネカーでもカミ降ろし

ジェネカー（バウポール）での風下マーク回航（ポートアプローチ）がこちら

まずはジブのセット。レガシーリグと異なりフォアガイがなく、風上側のジェネカーシートもヘッドステイの前を通っているので干渉することはない。作業は極めてシンプルだ

> ヘルムスマンとしては、ここでバウダウンしてジェネカーのプレッシャーを抜いてあげないと、手引きで風上降ろしの場合はジェネカーを風上側に持ってくるのは大変です。ヘルムスマンも含めて、カウントダウンに合わせた動作を心がけましょう。

セットできたらジブアップ。写真は6人乗りなので、バウマンがマストサイドまで戻ってバウンスしている。7〜8人乗りなら、ここはマストマンがバウンスし、バウマンはバウで揚がっていくジブをリードする

マストマンがバウンスし、ピットマンがテーリング。最終的にはジブハリヤードには大きな力がかかるので、ウインチドラムいっぱいに巻き付けることになるが、まずは、もともと掛かっていたスピネーカーのレイジーシートを外して、ジブハリヤードを一重に、マストマンが引いた分のたるみを取る感じで。次にもう一巻きしてテーリング、さらに一巻きしてテーリングと巻き数を増やしていくと、最後にグルグル巻き付けるよりもスムースだ

サイズも大きくなるとこれまた大変だ。

そこで、巨大なジェネカーを取り込むため、ジェネカーにはリトリーブライン（ストリンガーライン）が付いていることも多い。

リトリーブラインはジェネカーの中心部分にパッチを当ててそこに取り付けられており、風上側のシートではなくリトリーブラインを引き込むことでジェネカーの中心部から取り込むことができる。

リトリーブラインは手で引きこむものに加え、ドラムにセットしてウインチで高速に巻き込むシステムもある。このおかげで、TP52クラスのような大型艇でも、ポートアプローチでは風上降ろしが普通となっている。

このページではシンプルな風上側シートを引きこむ方法をご紹介しよう。

④ 風上側（ここでは左舷）の遊んでいるジェネカーシートを引き込み、風上側に取り込む。リトリーブラインが付いていれば、リトリーブラインを引き込む。すると、ジェネカーのセンター付近からスピネーカーがつぶれて風上側に入ってくる

35ft艇くらいまでだとリトリーブラインがないケースが多く、風上側のシートを引き込むわけで、となると、シートトリマーと綱引きになってしまいます。タイミングとしてはカウントダウン「3、2、1」の「1」くらいでクリューが風上側に見えてくるように。手で引くというよりヘッドステイのあたりから体で引っ張ってきて、フットがヘッドステイをなめてセールが落ちてくる感じで。

⑤ もちろん、風下側（ここでは右舷）のシートを緩めないと風は抜けない。外回しジャイブのセットをしている場合、ここで緩めた右舷側のジェネカーシートが海に落ちないようにスラック（たるみ）を取ることも重要だ

ジブが揚がったら、すぐにジェネカーを降ろす準備。ピットマンはジブハリヤードをウインチに巻き付けて、セルフテーリングにかけておく

③-2

カウントダウンに合わせて風上側のシートを引き込んでいく。風下側のシートは一気に出す

④-1

クリューが風上に回ってさらに一引きしたところでカウント「ゼロ」。ジェネカーハリヤードをカットする。シャックルがヘッドステイに引っ掛かるなどしてカウントダウン通りに進まない場合もあるので、そこはピットマンがよく見て判断。セールが返る前にハリヤードをカットしてしまうと大変なことになる

④-2

このあたり、ピットマンがマークとの距離を見ながらタクティシャンまたはヘルムスマンと相談して、ドロップの掛け声を誰が出すのか、決めておいたほうがいいでしょうね。大型艇になるとピットマンがドロップのタイミングを計ってコールするケースが多いと思います。

ジェネカーハリヤードがスムースに出ていくようにフレークしておくのはすべて同じ。特にリトリーブラインをドラムで引き込む大型艇では、途中でハリヤードが引っ掛かるようなことがあればジェネカーは簡単に破れてしまうので注意。

5-1

ここでも、写真は6人乗りなのでバウマン1人で取り込み作業を行っているが、マストヘッドのジェネカーだと35ft艇でもかなりエリアは大きい。バウマン、マストマンがデッキで、ソアマンがダウンビローから、3人がかりで取り込む

リーチ側(赤テープ)を引き込んでいくイメージで、ねじれのない状態で取り込むことができます。これを「さばき降ろし」と呼んでいるんですけど、これだとセールが降りた時点でさばかれている状態なので、次のアップウインドレグでキャビンに入り、ジェネカーをさばく必要もなくなり、その分、ハイクアウトに集中できることになります。きれいにさばき降ろしするためには、ダウンビローのソアマンとの連携も重要ですね。

ジェネカーを風上側に回し込んでしまえば、ジブに張り付くような形でデッキに降りてくる。バウハッチに押し込む、あるいは中から引っ張り込んでいこう

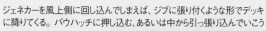

5-2

5

5-3

きれいに取り込めれば、風上降ろしなので、次の風上マークでのベアアウェイセットでは、そのままハッチホイストできる

スピネーカーとの違いは、ジェネカーシートはプライマリーウインチを使っているところ。ジブシートでも風下側のプライマリーウインチを使うので、かぶってしまう。ジェネカーシート側にストッパーを付けておいて、いったんハリヤードウインチに掛け替えるか、ジブシートは引き込む前にウインチに掛けずにクリートしておき、ジェネカーシートをダンプした後でプライマリーウインチに掛けるなどの工夫が必要になる

ピットマンはこのタイミングでジブハリヤードをファイナルまで巻き上げる。ハリヤードに目印を付けておくと楽だ

メインシートも引き込んでいく。ここではメインセールトリマーが1人で風上側のウインチを引いている

ピットマンは風上舷から手を伸ばして、バウポールを前に出すプラーロープのカムを外しておく。最後にバウマンがタックラインを引けばバウポールは収納される。艇種によっては、カムは掛けたまま、ジェネカーのタック側を引き込めば、ポールも収納され、プリセットもそのままでOKというケースもあり

ヨットの回頭に合わせてジブシートを引き込んでいく。同時にヒールを起こす必要があるので、ここではピットマンがジブシートをテーリングしながら風上舷へ

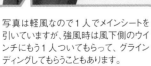

写真は軽風なので1人でメインシートを引いていますが、強風時は風下側のウインチにもう1人ついてもらって、グラインディングしてもらうこともあります。

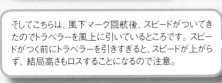

そしてこちらは、風下マーク回航後、スピードがついてきたのでトラベラーを風上に引いているところです。スピードがつく前にトラベラーを引きすぎると、スピードが上がらず、結局高さもロスすることになるので注意。

スターボードアプローチ

通常のフリートレースでは、風下マークを左舷に見て回航するポートラウンディングとなる。となると、最終的にはポートタックでマークを回ることになるわけだ。つまり、スターボードタックでのアプローチといっても、回航前にどこかでジャイビングし

てポートタックに返すことになる。

ジャイビングポイントから風下マークまでの距離によって、どのタイミングでジブを揚げるかが変わってくる。マークまでの距離があり、ジャイビング後にジブアップで間に合うならポートアプローチと同じことになるし、距離がないのでジャイビング前にジブアップということならスターボードア

プローチということになる。

さらには、ジャイビング前にジブアップするスターボードアプローチでも、その後スピネーカー（あるいはジェネカー）をどのタイミングで降ろすかで、さらにいくつかのパターンに分かれる。

● スターボードアプローチ

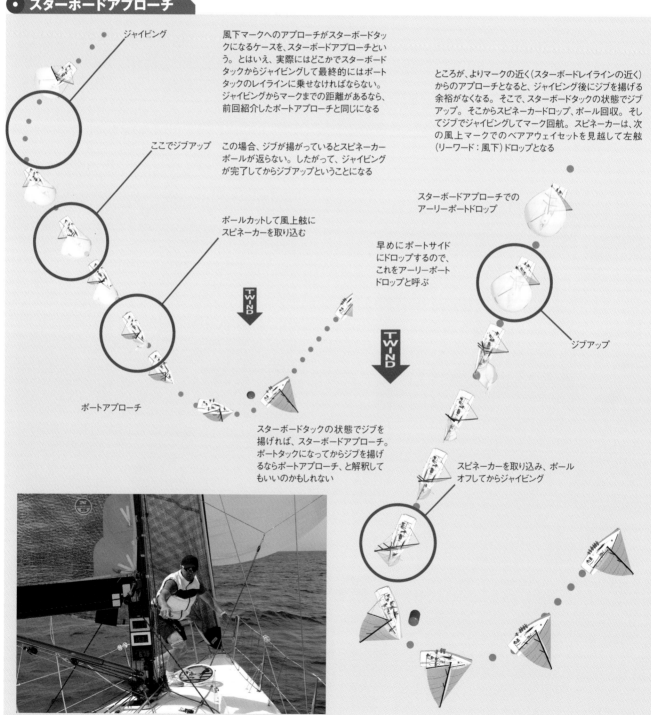

ジャイビング

風下マークへのアプローチがスターボードタックになるケースを、スターボードアプローチという。とはいえ、実際にはどこかでスターボードタックからジャイビングして最終的にはポートタックのレイラインに乗せなければならない。ジャイビングからマークまでの距離があるなら、前回紹介したポートアプローチと同じになる

ここでジブアップ

この場合、ジブが揚がっているとスピネーカーポールが返らない。したがって、ジャイビングが完了してからジブアップということになる

ポールカットして風上舷にスピネーカーを取り込む

ポートアプローチ

スターボードタックの状態でジブを揚げれば、スターボードアプローチ。ポートタックになってからジブを揚げるならポートアプローチ、と解釈してもいいのかもしれない

ところが、よりマークの近く（スターボードレイラインの近く）からのアプローチとなると、ジャイビング後にジブを揚げる余裕がなくなる。そこで、スターボードタックの状態でジブアップ。そこからスピネーカードロップ、ポール回収。そしてジブでジャイビングしてマーク回航。スピネーカーは、次の風上マークでのベアアウェイセットを見越して左舷（リーワード：風下）ドロップとなる

スターボードアプローチでのアーリーポートドロップ

早めにポートサイドにドロップするので、これをアーリーポートドロップと呼ぶ

ジブアップ

スピネーカーを取り込み、ポールオフしてからジャイビング

アーリーポートドロップ

次の風上マーク回航でベアアウェイセットしやすいように、スピネーカー（ジェネカー）はポートサイドに取り込みたい。そのため、ポートタックでのアプローチでは風上側に取り込むことになったわけだ。

これが、スターボードタックの状態であれば、風下側に取り込めばそれが左舷となる。そこで、まずは風下となるポートサイドに取り込んで、その後でジャイビングしてマークを回航するのがアーリーポートドロップだ。early（早めに、早い時期に）ポートサイドにドロップする、という意味になる。

次ページからの写真の例では、スピネーカー取り込み前にスピネーカーポールを外しているが、基本的には、アーリーポートドロップではスピネーカーを取り込んでからスピネーカーポールを外す。そしてジャイビングとなる。マークを回航するためにジャイビングポイントは決まっているわけだから、それに合わせて時間的な余裕を持って動作を始めないと、最後に間に合わなくなってしまうことが多いので注意しよう。

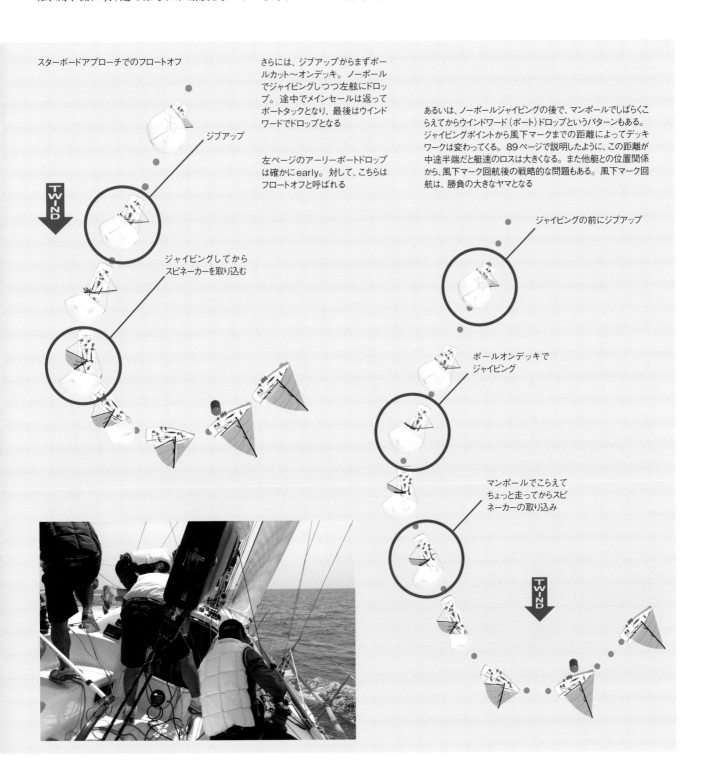

スターボードアプローチでのフロートオフ

ジブアップ

ジャイビングしてから
スピネーカーを取り込む

さらには、ジブアップからまずポールカット～オンデッキ。ノーポールでジャイビングしつつ左舷にドロップ。途中でメインセールは返ってポートタックとなり、最後はウインドワードでドロップとなる

左ページのアーリーポートドロップは確かにearly。対して、こちらはフロートオフと呼ばれる

あるいは、ノーポールジャイビングの後で、マンポールでしばらくこらえてからウインドワード（ポート）ドロップというパターンもある。ジャイビングポイントから風下マークまでの距離によってデッキワークは変わってくる。89ページで説明したように、この距離が中途半端だと艇速のロスは大きくなる。また他艇との位置関係から、風下マーク回航後の戦略的な問題もある。風下マーク回航は、勝負の大きなヤマとなる

ジャイビングの前にジブアップ

ポールオンデッキで
ジャイビング

マンポールでこらえて
ちょっと走ってからスピ
ネーカーの取り込み

● アーリーポートドロップ

ジブアップ

まずはジブアップ。マークとレイラインとの距離からバウマン主導でタイミングを見ている。ジブが揚がるとどうしてもスピネーカーに風が入りにくくなる。かといって、ジブアップが遅れると、その後の作業がドンドン遅れて、結局スピネーカーを取り込みきる前にジャイビングのタイミングになってしまったりする

ポールカット～オンデッキ

ジブが揚がったらスピネーカーポールカット。先にスピネーカーを降ろすパターンもあるが、ここでは先にポールカットでオンデッキにしている

ノンオーバーラップジブの場合、外したポールはそのままジブシートの外側のデッキに置けばジブは返る

写真はノンオーバーラップジブの"イマドキ"リグのケースです。対して、オーバーラップジェノア（レガシーリグ）の場合、ジブシートはシュラウドの外を通ります。風上マークでのセットではジブシートはトッピングリフトの前を通り、ジャイビングをした時点でフォアガイの前に落ちているはず。となると、ここでのスピネーカーポールとジブシートの状態が変わってきます。詳しくは116ページから。写真は、あくまでもノンオーバーラップジブのケースです。

トッピングリフトとジブのリーチが干渉しにくいように、ポールは後ろ寄りに。トッパーとフォアガイは付いたままなので、海に落ちることはない。デッキに置くだけでオーケー

マンポール

早めに始動ということは、以後スピネーカーをつぶさないようにすることが重要になる。写真は6人乗りなので、ヘッドセールトリマーがマンポールに入っている。7～8人乗りならマストマンがマンポールに入れば流れはスムースだ

ここでボートがヒールするとスピネーカーは風下側に流れてジブの陰に入りやすくなる。アンヒールでスピネーカーを右舷側に出し、風が入りやすくすることも大事

アーリーポートドロップでは、このままスターボードタックの状態で風下側（ポートサイド）にドロップする

取り込みポジション

スピネーカーはジブのフットの下から取り込む。シングルシートでは遊んでいるレイジーガイがないので、テンションのかかっているスピネーカーシートを持って取り込むことになる。ジブリーチの後ろからスピネーカーシートを取り、ジブフットの下へ。写真では左舷側のジブシートがバウマンの背中に回っているのが見える

> ここでのジブシートの引き具合が重要なんですよね。写真では風上側のシートも引いてバウマンのポジションをキープ。引きすぎるとジブとライフラインとの隙間がなくなってセールが入ってこなくなるので、写真の状態がベストです。

> 写真はスピネーカーポールを最初に外すパターンですが、アフターガイ側の操作は、ポールを付けたままのケースと同じです。ポールフォワードのようにアフターガイを出し、ヘッドステイに当たるあたりでいったんホールド。ある程度取り込んだら全部出します。

ハリヤードカット

準備ができたらスピネーカーダウン。コールとともにアフターガイをヘッドステイのあたりまで緩め、バウマンがシートで引き込み始めたところで、ハリヤードをカット

ポートサイドの
ジブシート

バウマン、マストマンがデッキで取り込み、ソアマンが中に引っ張り込む。この後ジブが返るので、スピネーカーはジブフットの下、ジブシートの前から取り込んでいく

バウマンは、まずはスピネーカーのフットが海に落ちないように、デッキに載せることを心がける。ソアマンがいるならソアマンがバウハッチから中に引っ張り込んでくれるので、バウマンはセールをデッキに落としていく感じで

先にスピネーカーポールを外してデッキに収めているので、ここですぐジャイビングできるわけですが、本来のアーリーポートドロップはスピネーカーポールを付けたままリーワードドロップ。その後でポールカットというのが基本パターン。このあたりは次のページで。

ジャイビング

取り込み終わったところでジャイビングに入る。まずジブが返り、続いてメインセールも。ここでアンヒール（スターボードサイドにヒール）させることで回頭が早まる

アーリーポートではすでにスピネーカーがないわけですから、風向に合わせて、きっちりジブトリムをすることが大事。この後どうせラフィングするからとシートを引きすぎているとスピードロスになります。引き込む手間を惜しまず、常にベストスピードを。

メインセールも、ボートの回頭、風向に合わせて、きちんとトリム。メインを返して出して引いて、という作業になります。

マークの位置や他艇との関係などからデッキ作業に気を取られていることもある。返るブームに注意するようメインセールトリマーは「ブームケア」などの声を掛けることも

メインセールが返ったらそのままラフィングに入る。手が空いた人から順次ハイクアウト

7-1

7-2

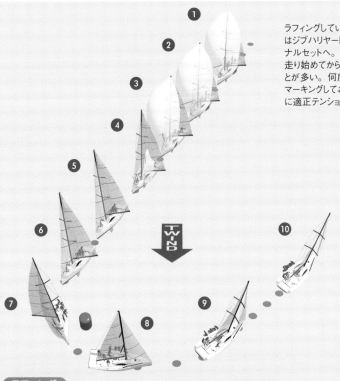

ラフィングしている段階でピットマンはジブハリヤードテンションのファイナルセットへ。クローズホールドで走り始めてからでは引ききれないことが多い。何度も書いてきたが、マーキングしておけば、ラフィング中に適正テンションにセットできる

ラフィング

ここではタクティシャンが風下側のメインシートウインチを巻いている。同時に左手でジブシートのテーリングも。実践では、ここでもタクティシャンとして風下マーク回航後の戦略・戦術をにらんでいなければならない

バウマンはジブフットがライフラインに引っ掛からないように注意

ハイクアウト

風下マーク回航後の高さとスピードのためには、まずはヒールを起こすこと。これは常に同じ。さあ、アップウインドレグの始まりだ

ディップポール艤装では

早い時期に（early）ポートサイドにドロップするアーリーポートドロップも、スピネーカーポールを先に収納してからスピネーカーを降ろすパターンと、セールを降ろしてからポールを収納するパターンと二通りある。前回は、先にスピネーカーポールをカットしてからのアーリーポートドロップで、エンドツーエンド艤装での話だった。それでは

ディップポール艤装ではどうなるだろうか。

ポートアプローチでも、エンドツーエンド艤装とディップポール艤装とでは若干様子が違っていたが、これはスターボードアプローチでも同様だ。ディップポール艤装では、ピットマンがトッピングリフトを緩めるだけでポール先端（ティップ）はデッキに下りる。トッピングリフトにセンターハリヤード（ヘッドステイ付け根のIポイント直下から

出ている）を使っていれば、ジブが干渉することはない。つまり、トッピングリフトを緩めただけでジャイビングできる。となると、
①ジブアップ
②スピネーカー取り込み
③ポールダウン
④ジャイビング
でOK。スピネーカーを取り込む際には、スピネーカーポールが付いていたほうが、

● ディップポール艤装では

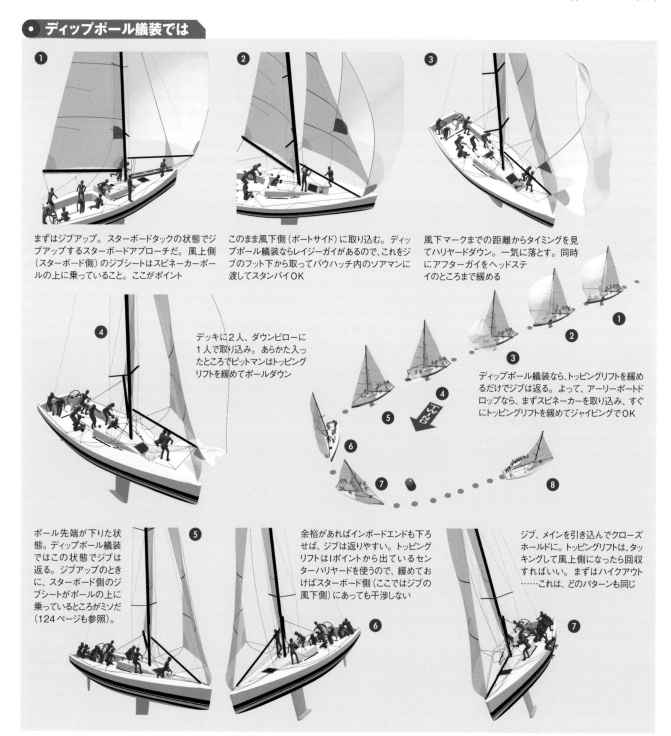

❶ まずはジブアップ。スターボードタックの状態でジブアップするスターボードアプローチだ。風上側（スターボード側）のジブシートはスピネーカーポールの上に乗っていること。ここがポイント

❷ このまま風下側（ポートサイド）に取り込む。ディップポール艤装ならレイジーガイがあるので、これをジブのフット下から取ってバウハッチ内のソアマンに渡してスタンバイOK

❸ 風下マークまでの距離からタイミングを見てハリヤードダウン。一気に落とす。同時にアフターガイをヘッドステイのところまで緩める

❹ デッキに2人、ダウンビローに1人で取り込み。あらかた入ったところでピットマンはトッピングリフトを緩めてポールダウン

ディップポール艤装なら、トッピングリフトを緩めるだけでジブは返る。よって、アーリーポートドロップなら、まずスピネーカーを取り込み、すぐにトッピングリフトを緩めてジャイビングでOK

❺ ポール先端が下りた状態。ディップポール艤装ではこの状態でジブは返る。ジブアップのときに、スターボード側のジブシートがポールの上に乗っているところがミソだ（124ページも参照）。

❻ 余裕があればインボードエンドも下ろせば、ジブは返りやすい。トッピングリフトはIポイントから出ているセンターハリヤードを使うので、緩めておけばスターボード側（ここではジブの風下側）にあっても干渉しない

❼ ジブ、メインを引き込んでクローズホールドに。トッピングリフトは、タッキングして風上側になったら回収すればいい。まずはハイクアウト……これは、どのパターンも同じ

タックが高い位置に保持され、フット部分を落とさず回収しやすいともいえる。

対して、エンドツーエンド艤装では、スピネーカーポールを外してデッキに収納しないとジブが返らない。そこで、
①ジブアップ
②ポールカット
③スピネーカー取り込み
④ジャイビング
の順番のほうが段取りとしてはいいということで、前回は、先にポールカットする方法を紹介したわけだ。

フロートオフ

スターボードアプローチのアーリーポートドロップでは、スピネーカーを取り込んだ後すぐにジャイビングする必要がある。ジャイビングができる状態——スピネーカーポールとジブが干渉しないような状態にする必要があるということだ。

特にエンドツーエンド艤装の場合、スピネーカー取り込みの前にスピネーカーポールをデッキに収納してしまえば、セールの取り込みが完全に終わっていなくてもジャイビングは可能だ。

ポートレイラインへ乗るタイミングで、マークまでの距離に余裕があるなら、なるべく長くスピネーカーを展開していたい。そこで、ノーポールでジャイビングし、そのままスピネーカーの取り込みを行うことも可能だ。これをフロートオフと呼んでいる。キウイドロップ、メキシカンなどの名称で呼ぶチーム

もあるだろう。最終的にはポートタックでのウインドワードドロップのような形になる。

先にスピネーカーポールを収納するパターンだと、アーリーポートもフロートオフもデッキワークはあまり変わらないともいえるが、アーリーポートはあくまでも早めに（early）スピネーカーを取り込み、取り込み終わってからジャイビングする。こちらフロートオフは、スピネーカーを展開したままジャイビングしつつ取り込む。

フロートオフでは、スピネーカーハリヤードをカットするタイミングが悪いとスピネーカーが艇のバウ先に落ちてしまう。艇体の下に入ると完全にスタックしてしまい、そのまま風下に流されて完全にレースを失ってしまうことにもなりかねないので要注意だ。

● エンドツーエンド艤装との違い

基本はポールセットしたまま、アーリーポートにドロップしてからジャイビングなので、まずはここからきっちり練習しましょう。

ディップポール艤装の場合、左ページのようにピットマンがトッピングリフトを緩めるだけでジブを返す（ジャイビングできる）状態にできる。ところが、前回紹介したエンドツーエンド艤装では、バウマンがポールカット〜オンデッキ作業をしなければならない。そこで、アーリーポートドロップでも先にポールカットをしたわけだが、スピネーカーの取り込みだけを考えるなら、スピネーカーポールはあったほうがいい

こちら、モデル艇のエンドツーエンド艤装でも、スピネーカーポールは付けたままでスピネーカーを取り込んでいるところ。スピネーカーのタックは高い位置に残るのでフットが海に落ちにくく、取り込みやすい

しかし、このあとスピネーカーポールをデッキに収納してからでないとジブが返らない。ジャイビングができない。そこで前回紹介したアーリーポートドロップでは先にポールカット＆オンデッキにしていたわけだ

先にポールカットしてあれば、取り込みが多少遅れてもジブは返る。スピネーカー回収を急ぐ必要もない。そこで、ノーポールでジャイビングしながらスピネーカーを取り込むのがフロートオフ。次ページで見ていこう

スターボードタックでのアプローチからジャイビングしながらスピネーカーを
ドロップするのがフロートオフ。105ページからのアーリーポートドロップで
も、先にポールカットするスタイルを紹介したので、手順はあまり変わらな
い。ドロップのタイミングが遅くなるだけ。とはいえ、その間、ジブとスピ
ネーカー両方を回さなければならないので、後ろは忙しくなる

ポールカット～オンデッキ

ジブアップからポールカット～オンデッキまではアーリーポートドロップと
同じだが、このあとすぐにジャイビングになるので、ここで確実にジブシート
とスピネーカーポールがクリアになっていることが重要だ

ジャイビング

ここでジャイビング。スピネーカーもジブも両方返す。特にジブシートを出しすぎる
と、イマドキのバテン入りのジブはヘッドステイに絡まってしまうので注意。左右の
シートが引っ張り合うような感じで（24ページ「ジブジャイビング」参照）

上：フロートオフでは、このままスピネーカーもジブ返すので後ろは忙しい。写真で
は、タクティシャンがスピネーカーシートとアフターガイを、ヘッドセールトリマーが左右
のジブシートを担当している
下：ノーポールでスピネーカーを張り続ける時間も長くなる。ここでスピネーカーを潰
してしまっては、フロートオフにしている意味がない。タック側をより遠くに維持する
ためマンポールとアンヒールがより重要になる

まずはジブが返る、続けてメイン。ここでスターボード側のツイーカーを緩め、ジブ
とスピネーカーのスロットを広げてスピネーカーに風を入れ、潰さないように。写真
では、ジブとスピネーカーを2人でそれぞれトリムしている

スピネーカー取り込み

4-1

4-2

ジャイビング後は新しい風上側（ポートサイド）でマンポール。そのまま左舷側に取り込むべくスピネーカーを回す

スピネーカーが回りきらないうちにハリヤードを下ろすと、スピネーカーがバウ先に落ちてしまって大変なことになるので、ここは最も注意

> 写真「4-1」でカウント「3」、写真「4-2」でカウント「2」。ここからもう一引きしてカウント「1」。そしてカウント「ゼロ」でハリヤードカット、というタイミングですね。

スピネーカーハリヤードは、ほかのドロップと同様、一気に出す。絡まないようにあらかじめフレークしておくのは、すべて同じ

> 右舷側のスピネーカーシートは、写真「4-2」のあたりの位置まで出してキープ。ここも重要。

> そうしないとフットが海に落ちてしまいます。ハリヤードをカットすることで風を抜いて取り込みます。

5

ラフィング

6

6

ラフィングしてクローズホールドへ。ヒールを起こして高さとスピードを稼ぐ……のは、ほかのすべてのラウンディングと同じだ

7

> アーリーポートドロップと同様、メインセールのトリムはボートの回頭と風向に合わせてしっかりと。フロートオフでは、メインを返すのを遅らせるレイトメインジャイブもあり。その場合、メインが返るころにはボートはリーチングになっているので、当然ながらメインシートの出し具合もそれに合わせます。

ジェネカーの場合

　話をちょっと戻して、ポートアプローチでのスピネーカーとジェネカーとの違いについて思い出してみよう。

　ウインドワードドロップ（風上降ろし）が基本となるポートタックでのアプローチでは、スピネーカーの場合、風上側となるアフターガイを引き込んでくればそのままセールは風上舷に降りてくる。作業は割とスムースだ。

　ところがジェネカーの場合、タック側は固定されているので、風上舷に回収するにはクリューを大きく風上側に回してこなければならない。スピネーカーポールがない分、作業はシンプルだが、動きは大きかった。

　これがスターボードタックでアプローチする場合、ポートサイドに取り込むためにはリーワードドロップすればいい。そのあとすぐにジャイビングになるわけだが、ジェネカーならスピネーカーポールもないので作業はシンプル。取り込みきれない状態でジャイビングになっても、ジブの風上側に張り付いて降りてくるので問題なし。

　ただし、ジャイビングしてからマークまでの距離が中途半端に残ってしまっている場合、ジェネカーでのジャイビングでは必ずセールは潰れるわけで、スピードのロスが大きい。ジャイビング完了して僅かに走ってからさらに風上取り込みとなると、ロスはさらに大きくなるというわけだ。

　あるいは、強風時にかなりキツイ角度でのアプローチとなると、無理せず早めにジェネカーダウンというチョイスもありだ。取り込み時にはバウダウンが必要で、その後はジブリーチングで風下マークを目指すことになるが、無理してブローチングしジェネカーを取り込めなくなりジャイブもできなくなるというリスクを避けることができる。

● **スピネーカーとジェネカーとの違い**

次の風上マークでベアアウェイセットをするためには、スピネーカー／ジェネカーはポートサイドに取り込みたい。そこで、ポートアプローチではウインドワードドロップになった。スピネーカーの場合、風上側のアフターガイを引き込んでくればいい。ダブルシートシステムなら、風上側の遊んでいるレイジーシートを引き込む。風上側に取り込むのは難しくない。というより、リーワードドロップより効率がいいともいえる

ところが、ジェネカーでウインドワードドロップをしようとすると、タックは固定されているので、風上側のジェネカーシートを引き込んで大きくジェネカーを回し込まなければならない。それでも次の風上マークでのベアアウェイセットを考えると、ウインドワードドロップを選択する場合が多い

ここまで回し込んでからハリヤードカット。結構なチカラワザです。ハリヤードのカットが早すぎるとジェネカーは風下に流れてしまい、風上に取り込めなくなるので注意。

リトリーブラインがあればジェネカーの中くらい（セールナンバーのあたり）から一気に引き込めるのですが。モデル艇くらいのサイズだとリトリーブラインはないのが普通です。となると、右ページのように、スピネーカーでいうところのフロートオフのようなかたちで取り込むのが楽なんですけど……。

スターボードタックでのアプローチ、ジェネカー編。まずはジブアップ。これも、スターボードタックの状態でジブを揚げるのでスターボードアプローチということになる。このままポートサイドにドロップする

スターボードアプローチなら、ポートサイドは風下側になるので、ジェネカーでも取り込みは楽だ。スピネカーでのフロートオフのようにハリヤードドロップのタイミングを遅らせて途中でジャイビングが入るようにすれば、最後は風上側から取り込むこともできる

風下マーク

ここでジャイビング。バウダウンしてもジェネカーはそのままオーバートリムに。ジブが返ってジェネカーが風上側に回るが、ここでバウマンはジェネカーのフットの下をかわして風上側に体を回す。ここがポイント

ジブとジェネカーのフットをかわすときは、背負い投げみたいな感じ。身のこなしが大事ですよ。

バウマンはジェネカーの風上側に位置し、ジブに張り付いたようなかたちのジェネカーをたぐり降ろす。写真では、ここでメインも返って完全にポートタックに

タックラインは最後に緩める。バウポールも収納してアップウインドレグの始まり。ここでのハイクアウトが最重要なのは言うまでもない

スピネーカーポールと ジブシートの関係

マーク回航時のフォアデッキのミスで目立つのが、シート類がこんがらがって、綾（あや）取りのようになってしまうこと。そこでマーク回航のまとめとして、そのあたりのキーポイントをリグごとにまとめてみよう。

スピネーカー艇でのマーク回航では、スピネーカーポールをセットする、あるいは外してデッキに納めるという作業で、ジブシートとスピネーカーポール、それに接続されたフォアガイ、トッピングリフトとの関係がキーポイントとなる。これがうまくクリアできていないと、スピネーカーを収納できてもそのあとジャイビングもタッキングもで

きないという事態になってしまうのだ。

"イマドキリグ"の場合

ノンオーバーラップジブにマストヘッドのオーバーサイズスピネーカーを搭載した艇——これをイマドキリグと呼ぶことにした。

ノンオーバーラップジブとは、ジブがシュ

● エンドツーエンド／ノンオーバーラップジブの場合

オーバーラップジブ（ジェノア）を持たないノンオーバーラップリグでは、シュラウド（サイドステイ）は舷側寄りからリードされている。119ページのオーバーラップジブ艇と比較すると分かりやすい。ジブもジブシートもシュラウドの内側を通る

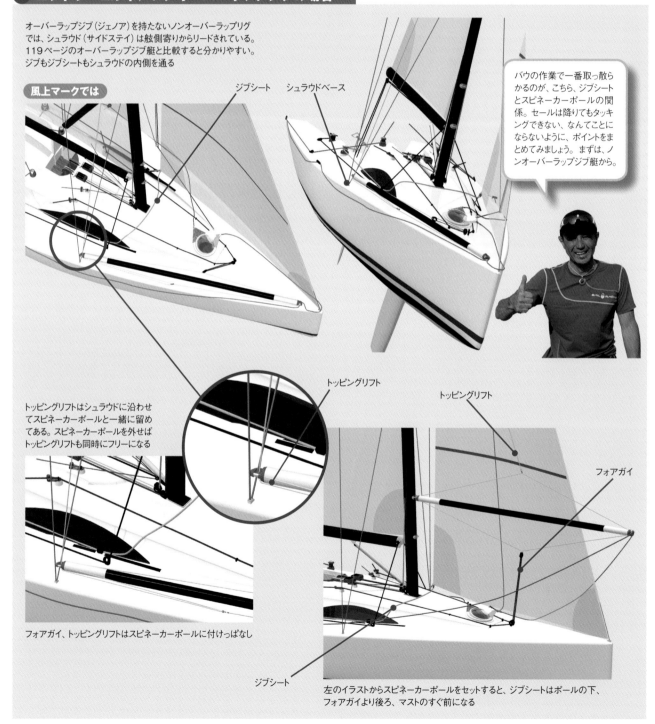

風上マークでは

ジブシート　シュラウドベース

バウの作業で一番取っ散らかるのが、こちら、ジブシートとスピネーカーポールの関係。セールは降りてもタッキングできない、なんてことにならないように、ポイントをまとめてみましょう。まずは、ノンオーバーラップジブ艇から。

トッピングリフトはシュラウドに沿わせてスピネーカーポールと一緒に留めてある。スピネーカーポールを外せばトッピングリフトも同時にフリーになる

トッピングリフト

トッピングリフト

フォアガイ

フォアガイ、トッピングリフトはスピネーカーポールに付けっぱなし

ジブシート

左のイラストからスピネーカーポールをセットすると、ジブシートはポールの下、フォアガイより後ろ、マストのすぐ前になる

ラウドにオーバーラップしないということ。ジブシートはシュラウドの内側にあり、シュラウド自体は舷側いっぱいに設けられ、リグをガッチリと支持する。

こんなイマドキリグではスピネーカーポールの処理も割合簡単、シンプルだ。まずはそちらからご確認いただきたい。

オーバーラップジブ

ところが、ジブがシュラウドにオーバーラップするジェノアを展開する旧来のリグ（これをレガシーリグと呼ぶことにした）では、だいぶ様相が異なる。119ページ以降のイラストのようにエンドツーエンドのスピネーカーポールでは、外したスピネーカーポールはジブシートの下に収納しない

と次にジブが返らなくなってしまうので、ちょっと面倒だ。

レガシーリグでも、No.3ジブなどオーバーラップのないジブを使う場合はノンオーバーラップなわけで……。まずは以下のページでこれらの違いを理解し、ミスのないマーク回航を目指そう。

風下マーク／ポートアプローチでは

こちら、スピネーカーを展開しポートタックで風下マークに向かっている状態。降ろしたジブはいったんヘッドフォイルから外し、プレフィーダーを通して再びヘッドフォイルへ。……で、この状態になっている

ここからポートタックでジブを揚げるには、ジブはフォアガイの前を通して右舷側に移動させることになる

となると、ジブを揚げるとジブシートはフォアガイの前を通ってこのようになる（94ページ参照）。クローズホールドではないしフットの長さも短いので、セールはなんとか展開できている

そしてポールカット。風上降ろし（カミ降ろし）だ。外したポールはいったん後ろに引いてジブシートをかわし、デッキに置く。これでスピネーカーポールはジブシートの外になる

実際の作業はこう。片手でジブシートをかわしスピネーカーポールをデッキに置く。スピネーカーポールの上下動はピットマンがトッピングリフトを緩めることで調整、バウマンはスピネーカーポールをいったん後ろに引いて前に出す感じ

ここではスピネーカーポールはデッキに置くだけでいい。後ろ寄りに置けば、トッピングリフトも邪魔にならない。風下マーク回航後アップウインドレグに入り、スピネーカーポールを置いた右舷が風上側になるスターボードタックになってから、左ページの定位置にセットすればいい

スピネーカーポールをオンデッキにした状態。ここから、風上側（左舷）にスピネーカーを取り込むカミ降ろしだ

スターボードタックでのアプローチなら、スピネーカーポールをスターボード側に置くのは簡単。
前ページのイラストと比べるとずっとシンプルなのが分かる

スターボードタックで風下マークにアプローチしている状態。前ページのポートタッ
クアプローチと異なり、ジブは左舷側に展開しているので、スピネーカーポールを
デッキに収納するのはずっと楽だ

スピネーカーポールはジブシートの外側に。先にスピネーカーポールを外すパターン
なら、この状態からスピネーカーの取り込み。ジブの下からバウハッチへ取り込む

スピネーカーポールカッ
トの前にスピネーカーを
取り込むパターンでも同
じ。ジブの下からバウ
ハッチに取り込む。スピ
ネーカーを取り込んでか
らスピネーカーポールを
外して右上のイラストの
位置に収納する

どちらも、ジブフットの下からスピネーカーの取り込み。スピネーカーシー
トを引いて取り込むパターン（上）と、スピネーカーのフットをつかんで取り
込むパターン（下）と、テイクダウンのタイミング次第で使い分けよう

このほかにも、ジブアップの前にスピネーカーポールカットしてしまいノー
ポールでジャイビングし、ジブアップはマークの直近で、その後に続けて
スピネーカーダウンというパターンもあり（112ページ参照）。どれもこの
スピネーカーポールとジブシートの関係を頭に入れておけばフォアデッキ
での綾取りはなくなる

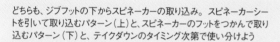

スピネーカーシート　　　　　　　　　　　　ジブシート

スピネーカーのフット　　　　　　　　　　　　　　　　　ジブのフット

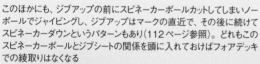

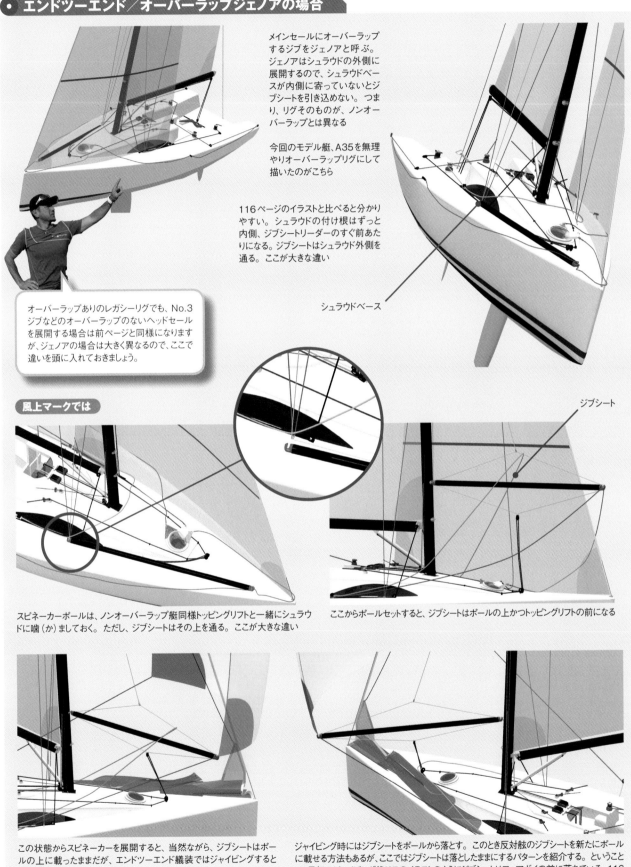

● エンドツーエンド／オーバーラップジェノアの場合

メインセールにオーバーラップするジブをジェノアと呼ぶ。ジェノアはシュラウドの外側に展開するので、シュラウドベースが内側に寄っていないとジブシートを引き込めない。つまり、リグそのものが、ノンオーバーラップとは異なる

今回のモデル艇、A35を無理やりオーバーラップリグにして描いたのがこちら

116ページのイラストと比べると分かりやすい。シュラウドの付け根はずっと内側、ジブシートリーダーのすぐ前あたりになる。ジブシートはシュラウド外側を通る。ここが大きな違い

シュラウドベース

オーバーラップありのレガシーリグでも、No.3ジブなどのオーバーラップのないヘッドセールを展開する場合は前ページと同様になりますが、ジェノアの場合は大きく異なるので、ここで違いを頭に入れておきましょう。

風上マークでは

ジブシート

スピネーカーポールは、ノンオーバーラップ艇同様トッピングリフトと一緒にシュラウドに噛（か）ましておく。ただし、ジブシートはその上を通る。ここが大きな違い

ここからポールセットすると、ジブシートはポールの上かつトッピングリフトの前になる

この状態からスピネーカーを展開すると、当然ながら、ジブシートはポールの上に載ったままだが、エンドツーエンド艤装ではジャイビングするとポールの前後は逆になり……

ジャイビング時にはジブシートをポールから落とす。このとき反対舷のジブシートを新たにポールに載せる方法もあるが、ここではジブシートは落としたままにするパターンを紹介する。ということで、最初のジャイビング後はこのイラストのようにジブシートはフォアガイの前に落ちている。116ページのノンオーバーラップジブとの一番の違いはここ

風下マーク／ポートアプローチでは

風下マーク回航。ポートタックでアプローチする場合。ジブは左舷に降りているので、117ページと同様、ジブは右舷側に回さないと揚がらないわけだが……

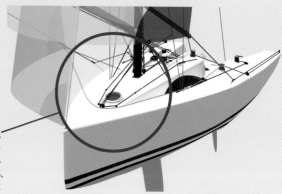

オーバーラップのあるジェノアだとフットが長いので、フォアガイの付け根の位置によってはその前をかわして反対舷に持っていくのが難しいかもしれない。ラフを外して付け替えるとしても、左舷側のジブシートはフォアガイの前を通すこと

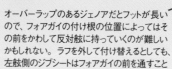

カミ降ろしなら、まずはスピネーカーポールを外す。外したら、左舷側のジブシートの下に置く。ここから風上舷にスピネーカーを取り込む

ポールをデッキに収納したらジブシートのスラッグ（余り、たるみ）を取っておくこと。風上側のシートがデッキで余っていると、この後スピネーカーを取り込む際にセールと一緒にバウハッチの中に引き込んでしまい、アチャーなことに。こういう、ちょっとした一手間でトラブルを避けられます。

風下マーク／スターボードアプローチでは

こちら、スターボードタックでの風下マークアプローチ。風上側のジブシートがフォアガイの前にある様子は、この角度から見たほうが分かりやすい

ポートアプローチと同様、外したポールはジブシートの下に置く。スターボードアプローチではこのあとすぐにジャイビングが入るので、ここでジブシートをかわしておくことは特に重要。そして、ノンオーバーラップジブとの一番の違いがここ。118ページと見比べてみよう

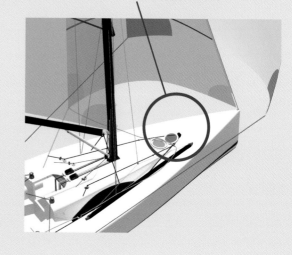

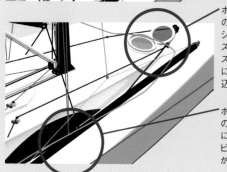

ポールの前端をジブシートの下に差し込んだら、ジブシートのスラッグアウト。イラストのようにたるみがあるとスピネーカーを取り込む際にジブシートも一緒に取り込んでしまう

ポールの後端もジブシートの下に入っていること。とにかく、このあとすぐにジャイビングできるようにすることが重要だ

アーリーポートドロップで、ポールがまだセットされている状態でスピネーカーを取り込むパターンの場合は特に注意。ジブシートを避けてその前からスピネーカーを取り込まないと、次にジャイビングできなくなってしまう

ジブシート

ジブシートはフォアガイの前を通っているので、ここでジブシートのスラッグを取ってしまうと、スピネーカーはジブシートの後ろから取り込まれてしまうことになり、その後ハリヤードやスピネーカーシートと綾取りになってしまいます。ここは厳重注意。エンドツーエンド艤装でジェノアを揚げている場合のキーポイントですね。

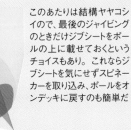

ジブシート

このあたりは結構ヤヤコシイので、最後のジャイビングのときだけジブシートをポールの上に載せておくというチョイスもあり。これならジブシートを気にせずスピネーカーを取り込み、ポールをオンデッキに戻すのも簡単だ

ジブシート

あるいは、バウハッチではなくコンパニオンウェイへ取り込むというパターンもある。この場合、アフターガイを全部リリースして風を抜き、ジブシートの上からスピネーカーシートを引き込んでいく。これもジブシートを気にせず取り込むことができ、バウマンは、この後ポールをオンデッキにすることだけ考えればいい

● ウインチの割り当て

シートやガイ、ハリヤードとあまたあるコントロールロープを限りのあるウインチで使い回すには工夫が必要になる。まずは、今回取り上げたシングルシートの場合から

スピネーカーシングルシート

小型艇で用いられるシングルシートシステムでは、スピネーカーシートもアフターガイも兼用。同じシートが風下側はスピネーカーシートとなり風上側はアフターガイになる。そこで、両方ともキャビントップウインチにリードされる。ジャイビングすれば、そのままアフターガイとスピネーカーシートが入れ替わる

スピネーカーシート　　　　　アフターガイ

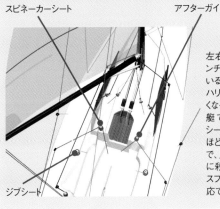

ジブシート

左右両舷のハリヤードウインチをシートとガイで使っているので、マーク回航時はハリヤード用のウインチがなくなってしまう。しかし、小型艇で用いられるシングルシートでは、シートもガイもさほど力がかかっていないので、足で踏んづけて一時的に殺すなど、シートのトランスファーはかなり柔軟に対応できる

スピネーカーハリヤード

アフターガイ

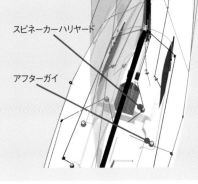

例えば風上マーク回航（ベアアウェイセット）では、右舷のキャビントップウインチでスピネーカーハリヤードを。となると、空いている右舷のプライマリーウインチをアフターガイに使う。スピネーカーが揚がりきったらスピネーカーシートをハリヤードウインチにトランスファー。……とこれも一例で、ハリヤードはウインチを使わず手引きにしても可。状況に応じて使い分けよう

ディップポールの場合

ディップポールシステムとなるとどうなるか。

ディップポール艤装では、トッピングリフトがポールの先端に付いている。エンドツーエンドではポールの中心部から出て

いたので、ジブシートがその前にあるか後ろにあるか、デッキに落ちているかで、ポールをクリアするために煩雑な作業が必要だった。

ディップポールシステムは、ポールの先端からトッピングリフトが伸びているので

話は簡単。トッピングリフトにジブハリヤード（センターハリヤード）を使っていればトッピングリフトが付いたまま、ジブシートはスピネーカーポールに乗っていればジブは返る。

これも、イラストでまとめてみた。

● ディップポールの場合

風上マーク／ベアアウェイセットでは　まずは、風上マーク回航の基本パターンであるベアアウェイセットから

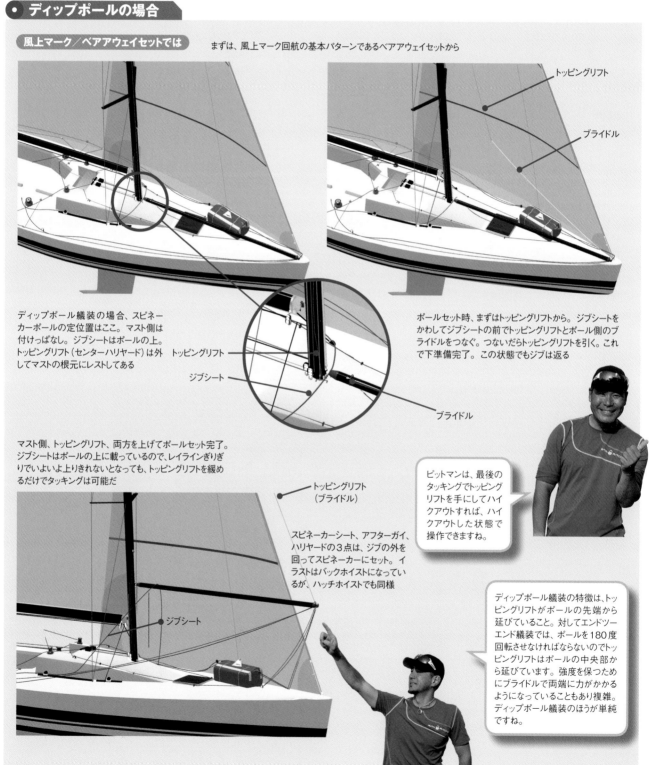

トッピングリフト

ブライドル

ディップポール艤装の場合、スピネーカーポールの定位置はここ。マスト側は付けっぱなし。ジブシートはポールの上。トッピングリフト（センターハリヤード）は外してマストの根元にレストしてある

トッピングリフト

ジブシート

ブライドル

ポールセット時、まずはトッピングリフトから。ジブシートをかわしてジブシートの前でトッピングリフトとポール側のブライドルをつなぐ。つないだらトッピングリフトを引く。これで下準備完了。この状態でもジブは返る

マスト側、トッピングリフト、両方を上げてポールセット完了。ジブシートはポールの上に載っているので、レイラインぎりぎりでいよいよ上りきれないとなっても、トッピングリフトを緩めるだけでタッキングは可能だ

トッピングリフト（ブライドル）

スピネーカーシート、アフターガイ、ハリヤードの3点は、ジブの外を回ってスピネーカーにセット。イラストはバックホイストになっているが、ハッチホイストでも同様

ジブシート

ピットマンは、最後のタッキングでトッピングリフトを手にしてハイクアウトすれば、ハイクアウトした状態で操作できますね。

ディップポール艤装の特徴は、トッピングリフトがポールの先端から延びていること。対してエンドツーエンド艤装では、ポールを180度回転させなければならないのでトッピングリフトはポールの中央部から延びています。強度を保つためにブライドルで両端に力がかかるようになっていることもあり複雑。ディップポール艤装のほうが単純ですね。

風上マーク／ジャイブセットでは

ジャイブセットでも、ディップポールシステムなら作業はシンプルだ

ギアラウンドしてスピネーカーは右舷にセット。逆に、ポール先端は左舷に出す。トッピングリフトはジブの裏側（左舷）になるので、イラストの状態（スターボードタック）で作業するにはジブのリーチ側から回さなければならない。トッピングリフトは、ポートタックの状態で付けておくと楽だ

ノーマルポールの場合、インボードエンドを上げた状態だとポールの先端はヘッドステイの後ろになってしまうので、トッパーを引くと風下側に引っ掛かってしまうケースも多いです。バウマンがちょっと手でかわしてあげれば、スムースにセットできます。

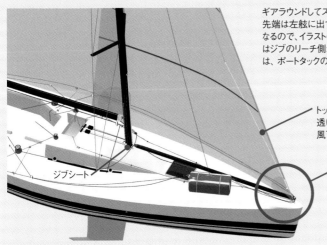

トッピングリフト
透けて見えているが、ジブの風下（左舷）側にある

ポール先端は左舷に出す。ノーマルポールなら、マスト側（インボードエンド）をわずかに上げればヘッドステイをかわせるはず。ロングポールなら、マスト側を外していったん後ろへ引いたほうが早いかも

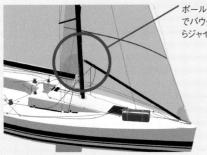

ポールのインボードエンドだけ上げた状態でバウダウン〜スピネーカーホイストしながらジャイビング。この状態でジブは返る

ジブが返ったところでトッピングリフトも上げてスピネーカーポールセット完了。ジブハリヤードはすぐに下ろしスピネーカーに風を入れてジャイブセット完了。タックセットも似たような感じで、トッピングリフトをセットしインボード側だけ上げておけば、タッキングでジブが返ったらすぐにポールセットできる

風下マーク／ポートアプローチでは

続いて風下マーク回航。降ろしたジブはバッグに入れておく。ディップポール艤装ではフォアガイのデッキ側の付け根はかなり前のほうにあることが多い。となると、降ろしたジブはヘッドステイに付けたままだとかわせない。いったんソーセージバッグに入れておけば、どちらのサイドにもセットできる

外したジブシートはそのまま左右をクリップしておく。ポートタックアプローチならジブは右舷に展開するのでジブシートはクリップしたままズルズルと右舷側に引き回してジブにセット

ここからジブを展開。スピネーカーは風下（右舷）にドロップするが、遊んでいるレイジーガイを引き込めばいい

レイジーガイ

スピネーカーがあらかた降りたところで、トッピングリフトを緩める。ポール先端はデッキに下り、この状態でタッキングも可。通常はここからラフィングまで時間があるので、ポールの根元もデッキまで下ろしてしまう

スピネーカーハリヤード

ジブシート

3点（左右のガイ&シート&ハリヤード）は右舷側になるので、次の風上マークでベアアウェイセットなら、このあと左舷に回すギアラウンドになるが、それはアップウインドレグに入って落ち着いてから

123

風下マーク／スターボードアプローチでは

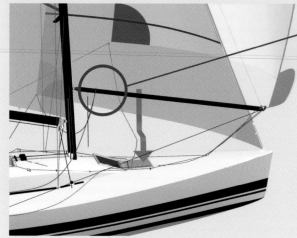

同じ風下マーク回航でも、スターボードタックアプローチの場合は必ずジャイビングが入るので、ジブシートをクリアにしておくのは重要だ

ジブはポートサイドにセットしてそのまま展開。ジブシートがポールの上に載っているのは同じ。スターボードアプローチでは特に重要だ

アーリーポートドロップなら、このまま風下（左舷）降ろし。レイジーガイを取ってバウハッチに取り込む。オーバーラップジブでも、取り込み時にジブシートは気にならない（121ページと比較）

上の状態からトッピングリフトを緩めるだけでジブは返る

トッピングリフトはジブの風下側（この場合、右舷側）にあるが、ヘッドステイ付け根のすぐ下から出るセンターハリヤードを使っているのでジブリーチにはほとんど干渉しない。ジブの風下側に張り付くような感じでブラブラしている

トッピングリフト

ここでインボードエンドも下まで下ろし、最終的にトッピングリフトを回収するのはタッキングしてスターボードタックになってからにすれば、ジブの風上になるので作業しやすい

フロートオフでも同様に。ジャイビング時にカットしたポールはそのままデッキに下ろす。116ページからのエンドツーエンドと比べていただければ分かるが、ジブのオーバーラップの有無はあまり関係なく、ディップポールのほうがシンプルで作業は楽だ

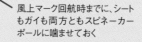

スピネーカー収納後は、フロートオフならシートもガイもポールから外れているはず。アーリーポートドロップならガイのみがポールに噛（か）んでいる。次の風上マーク回航に備えて、タイミングを見てシートとガイ両方ともポールに噛ませる。ギアラウンドするときは、ポールから外してギアラウンド後にポールに噛ませることになる

風上マーク回航時までに、シートもガイも両方ともスピネーカーポールに噛ませておく

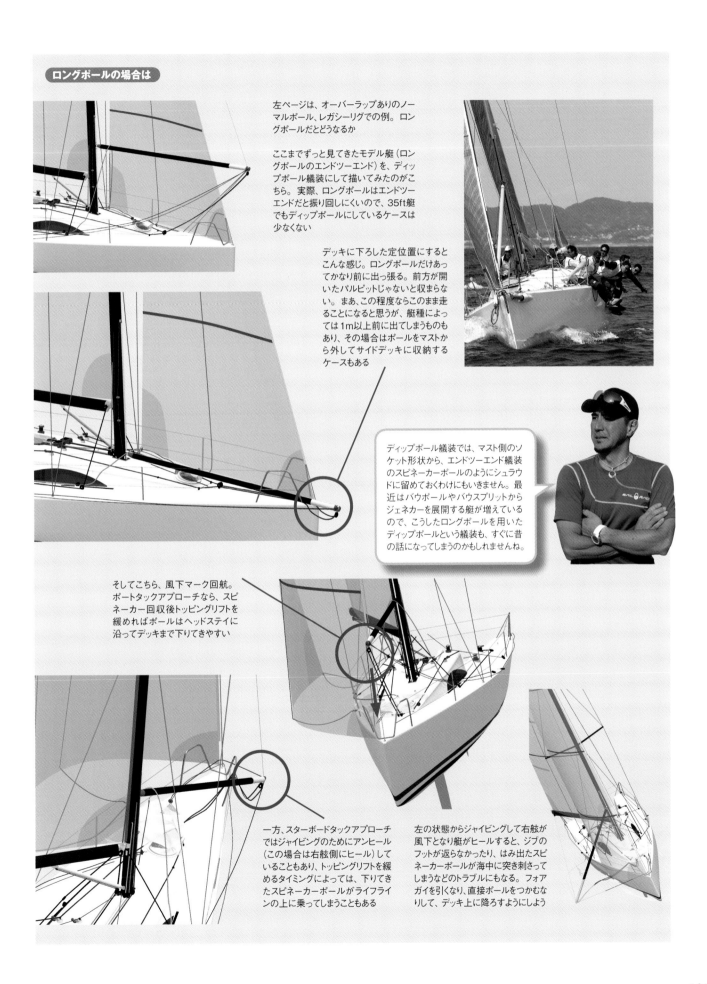

ロングポールの場合は

左ページは、オーバーラップありのノーマルポール、レガシーリグでの例。ロングポールだとどうなるか

ここまでずっと見てきたモデル艇（ロングポールのエンドツーエンド）を、ディップポール艤装にして描いてみたのがこちら。実際、ロングポールはエンドツーエンドだと振り回しにくいので、35ft艇でもディップポールにしているケースは少なくない

デッキに下ろした定位置にするとこんな感じ。ロングポールだけあってかなり前に出っ張る。前方が開いたパルピットじゃないと収まらない。まあ、この程度ならこのまま走ることになると思うが、艇種によっては1m以上前に出てしまうものもあり、その場合はポールをマストから外してサイドデッキに収納するケースもある

ディップポール艤装では、マスト側のソケット形状から、エンドツーエンド艤装のスピネーカーポールのようにシュラウドに留めておくわけにもいきません。最近はバウポールやバウスプリットからジェネカーを展開する艇が増えているので、こうしたロングポールを用いたディップポールという艤装も、すぐに昔の話になってしまうのかもしれませんね。

そしてこちら、風下マーク回航。ポートタックアプローチなら、スピネーカー回収後トッピングリフトを緩めればポールはヘッドステイに沿ってデッキまで下りてきやすい

一方、スターボードタックアプローチではジャイビングのためにアンヒール（この場合は右舷側にヒール）していることもあり、トッピングリフトを緩めるタイミングによっては、下りてきたスピネーカーポールがライフラインの上に乗ってしまうこともある

左の状態からジャイビングして右舷が風下となり艇がヒールすると、ジブのフットが返らなかったり、はみ出たスピネーカーポールが海中に突き刺さってしまうなどのトラブルにもなる。フォアガイを引くなり、直接ポールをつかむなりして、デッキ上に降ろすようにしよう

ウインチの割り当て

シングルシートでのウインチの割り当てについては、121ページで簡単に触れた。ディップポール艤装では、ダブルシートシステムとなる。エンドツーエンド艤装でも、艇が大きくなるとダブルシートシステムだ。

ダブルシートシステムでのウインチの割り当てはどうなるか。

ダブルシートの場合

左右両舷にシートとアフターガイの二つを備えるのがダブルシートシステムだ。風下側のアフターガイはレイジーガイ、風上側のスピネーカーシートはレイジーシートと呼ばれ、両方とも遊んでいる。

下図のように、スピネーカーシートはキャビントップのハリヤードウインチに、アフターガイ

● ウインチの割り当て

スピネーカーダブルシート

ダブルシートシステムでは、スピネーカーシートもアフターガイも左右に1本ずつ付く。シートはキャビントップのウインチに。アフターガイはデッキのプライマーウインチにリードされる

以下はあくまで基本的なアレンジです。艤装によって使い勝手は変わるので、艇に合わせてアレンジしていきましょう。

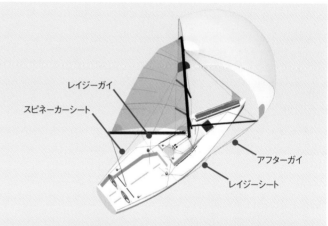

レイジーガイ
スピネーカーシート
アフターガイ
レイジーシート

風上マーク回航では

ベアアウェイセットなら、左舷がスピネーカーシート。左舷のプライマリーウインチはジブシートで埋まっているが、アフターガイは空いている右舷側のプレイマリーウインチ、スピネーカーハリヤードは右舷側にあるので、これも空いている右舷側のキャビントップウインチを使えばいい

ジャイブセットでは、右舷側がスピネーカーシートになるので、空いている左舷のキャビントップウインチでスピネーカーハリヤードを。左舷のジブシートをリリースしたらすぐにアフターガイを掛ける

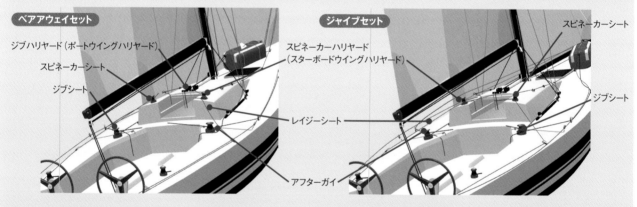

ベアアウェイセット
ジブハリヤード（ポートウイングハリヤード）
スピネーカーシート
ジブシート
レイジーシート
アフターガイ

ジャイブセット
スピネーカーハリヤード（スターボードウイングハリヤード）
スピネーカーシート
ジブシート

風下マーク回航では

ジブハリヤードは左舷にある。ポートアプローチなら左舷側がアフターガイとなってキャビントップウインチは空いているので問題なし。右舷側のプライマリーウインチもレイジーガイなので空いている。ここにジブシートをリードすればOK

スターボードアプローチだと、左舷側がスピネーカーシートなのでキャビントップウインチを使っている。そこでジブハリヤードはデッキオーガナイザーを通して右舷側のキャビントップウインチにリード。こちらはレイジーシートで空いているはず

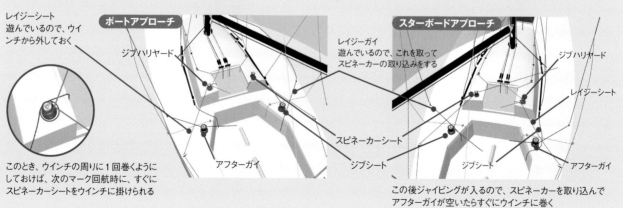

レイジーシート
遊んでいるので、ウインチから外しておく

ポートアプローチ
ジブハリヤード
スピネーカーシート
アフターガイ

このとき、ウインチの周りに1回巻くようにしておけば、次のマーク回航時に、すぐにスピネーカーシートをウインチに掛けられる

レイジーガイ
遊んでいるので、これを取ってスピネーカーの取り込みをする

スターボードアプローチ
ジブハリヤード
レイジーシート
ジブシート
アフターガイ

この後ジャイビングが入るので、スピネーカーを取り込んでアフターガイが空いたらすぐにウインチに巻く

は左右のプライマリーウインチにリードするが、マーク回航時、ジブシートは風下側にあり、アフターガイは風上側になり反対舷のウインチは空くので、そこでジブシートを……と、使い分けるのは割と簡単だ。ポイントは、ハリヤードには空いているウインチを使うためにデッキオーガナイザーを使うところか。

ジェネカーの場合

バウポール＆ジェネカーでは、艇のサイズ（ジェネカーのサイズ）が大きくなると、ジェネカーシートはプライマリーウインチを使うことが多くなる。となると、ジェネカーシートは常に風下側が利いているので、マーク回航時にはジブシートと重なってしまう。

そこで、風上マークでは41ページで紹介したホブル（短いシート）を用い、また、風下マークでは、クリートを用意していったんジェネカーシートを留めてジブシートに掛け直すなどの工夫が必要になる。

ジェネカー艇全盛になりつつある昨今、艤装は革新的に変化しつつある。例えばハリヤードウインチはペデスタルにリンクされ、マストサイドでのバウンスの必要なくパワフル＆スピーディーにジェネカーハリヤードのホイストができたりと、左ページに挙げた旧来の艤装はまさに「レガシー」と呼ばれてもいい状況になってきている。

艤装が違えば動作も異なるし、クルー一人一人のスキルや個性に合わせたコンビネーションを工夫する必要があるかもしれない。チームとして独自のシステムを構築していこう。

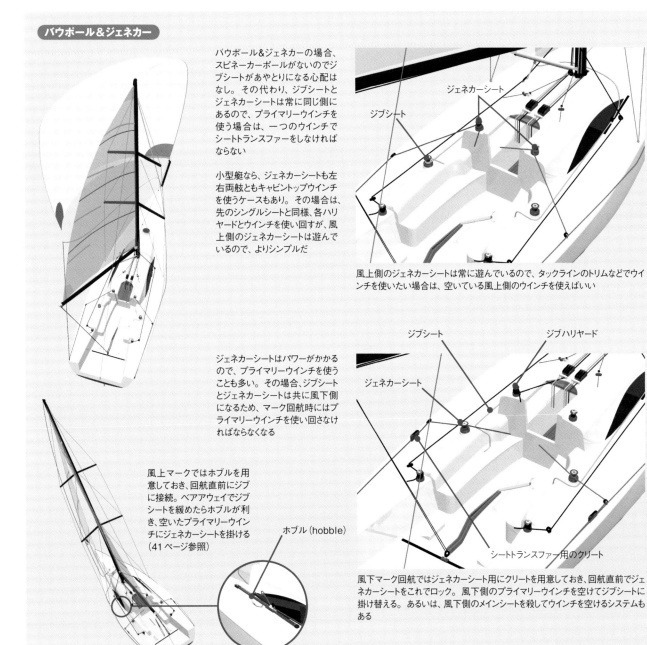

バウポール＆ジェネカー

バウポール＆ジェネカーの場合、スピネーカーポールがないのでジブシートがあやとりになる心配はなし。その代わり、ジブシートとジェネカーシートは常に同じ側にあるので、プライマリーウインチを使う場合は、一つのウインチでシートトランスファーをしなければならない

小型艇なら、ジェネカーシートも左右両舷ともキャビントップウインチを使うケースもあり。その場合は、先のシングルシートと同様、各ハリヤードとウインチを使い回すが、風上側のジェネカーシートは遊んでいるので、よりシンプルだ

風上側のジェネカーシートは常に遊んでいるので、タックラインのトリムなどでウインチを使いたい場合は、空いている風上側のウインチを使えばいい

ジェネカーシートはパワーがかかるので、プライマリーウインチを使うことも多い。その場合、ジブシートとジェネカーシートは共に風下側になるため、マーク回航時にはプライマリーウインチを使い回さなければならなくなる

風上マークではホブルを用意しておき、回航直前にジブに接続。ベアアウェイでジブシートを緩めたらホブルが利き、空いたプライマリーウインチにジェネカーシートを掛ける（41ページ参照）

ホブル（hobble）

ジェネカーシート
ジブシート
ジブハリヤード
ジェネカーシート
シートトランスファー用のクリート

風下マーク回航ではジェネカーシート用にクリートを用意しておき、回航直前でジェネカーシートをこれでロック。風下側のプライマリーウインチを空けてジブシートに掛け替える。あるいは、風下側のメインシートを殺してウインチを空けるシステムもある

第4章 外洋レース

ここまで、ブイ回りのレースについてのクルーワークを見てきた。
外洋ヨットによるインショアレース、それも風上、風下に打たれたマークを周回するソーセージコース（RRSでいうところのウインドワードリーワードコース：Windward-Leeward Course、風上風下コース）でのクルーワークだ。
外洋ヨットを用いたヨットレースは、ほかにもさまざまな形態のものがある。

オフショアレースとは

　一言で外洋レース（オフショアレース）といっても、これまたさまざまだ。

　相模湾では、三浦半島側から、初島や伊豆大島を回航して帰ってくる島回りのレースが古い歴史を持つ。これは一晩、あるいはスタート当日中かその夜中にフィニッシュするもので、距離は50マイルから100マイルくらい。

　さらには伊勢から江の島までの「パールレース」になると約180マイルで、丸一日から二晩に渡る。これが沖縄〜東海レースとなると約720マイル。今は開催されていないが、東京〜グアムレースは約1,500マイル。と、同じオフショアレースといっても距離や開催される季節によって、艇上の様相は相当違ってくる。

　これらのレースはフルクルーが乗艇するもので、中には2人乗りのダブルハンドレースもある。こちらも、初島を回航して戻ってくる「初島ダブルハンドレース」もあれば、オーストラリアのメルボルン〜大阪まで2人乗りで競う大がかりなものもある。

ワッチシステム

　これまで何度も書いてきたように、ヒールを起こすことは重要だ。クローズホールドである程度の風が吹いているなら、全員でヒールを起こす。これはオフショアレースでも同じ。とにかくヒールを起こす。

　ところが、二晩以上続くレースとなるとどこかで休みや睡眠を取る必要がある。そこで、チーム内をいくつかのグループに分けて交代で休む。これがワッチシステムだ。レースコースや艇のサイズ、乗艇人数でワッチのシステムもさまざまだが、オー

国際セーリング連盟が定めた外洋特別規定で、ヨットレースはいくつかのカテゴリーに分けられている。

カテゴリー0
一時的な場合を除き気温または水温が5℃（41°F）未満になりそうな地域を通過し、艇は非常に長期間にわたって完全に自給自足せねばならず、幾度もの激しい嵐に耐えうる能力と他からの援助を期待せずに深刻な事態に対処する備えを有しなければならない大洋横断レース。

カテゴリー1
陸が遠く離れた外洋での長距離レースで、艇は非常な長期間にわたって完全に自給自足せねばならず、幾度もの激しい嵐にたえうる能力と他からの援助を期待せずに深刻な事態に対処する備えを有しなければならないレース。

カテゴリー2
海岸線に沿って航行する、

または海岸から遠く離れない、あるいは囲われていない大きな湾や湖で行われ、艇には高い自給自足能力が要求される長期間のレース。

カテゴリー3
開放された水域を横断するレースで、大部分は比較的保護されているか、海岸線に近接している。

カテゴリー4
陸に近く、比較的温暖なあるいは囲われた水域で行われ通常は日中に行われる短いレース。

かつては、この下にカテゴリー5、6があったが、インショアレース用とディンギーインショアレース用2つの特別規定（付則）に改められた（外洋特別規定についての詳細は141ページ）。

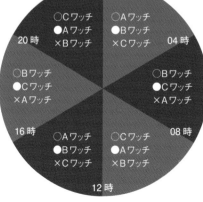

24時
○Cワッチ　○Aワッチ
●Aワッチ　●Bワッチ
20時　×Bワッチ　×Cワッチ　04時

○Bワッチ　○Bワッチ
●Cワッチ　●Cワッチ
×Aワッチ　×Aワッチ

16時　○Aワッチ　○Cワッチ　08時
●Bワッチ　●Aワッチ
×Cワッチ　×Bワッチ
12時

○セーリング　●セールチェンジなど　× オフワッチ

ワッチシステムはレース距離（日数）、乗員数によってさまざまだ。11人乗りなら、オーナーとナビゲーターを除いた9人を三つに分けて、Aワッチが3人。基本的に3人で船を動かし、Bワッチの3人と合わせて6人でセールチェンジなどの作業をこなし、Cワッチは完全休養、などとすれば、長丁場でもしっかり休める。それでも手が足りないときはオフワッチのチームも起きて全員で作業するオールハンズとなる

ソドックスなのが、チームを二つに分けて3時間置き、あるいは4時間置きの2交代。あるいは三つに分けて1チームだけオフ。どちらも、スキッパーとナビゲーターはワッチから外れることが多い。

ワッチ内のリーダーをワッチキャプテンという。各ワッチのワッチキャプテンを中心にデッキワークをこなしていくことになる。

装備

オフショアレースでの装備は、インショアレースのそれとは違ってくる。

レースカテゴリーに合わせた安全備品はもちろん、飲料水や食料の積み込みもより重要だ。とはいえ軽量化も命題なので、必要最小限に、しかし不足のないように。飲料水に関してはルールで決まっていることもあるので注意。

個人装備も必要最小限に。基本的には途中で着替えることはまずないので、季節に合わせてチョイスする（詳しくは145ページ参照）。

リーチング

これまで見てきた風上風下コースでは、基本的にアップウインドとダウンウインドの二つのパターンしかなかった。スタートしてから風上マークまではクローズホールドを繰り返すアップウインドのレグ。風上マークを回航したらダウンウインドという具合に。

ところがオフショアレースでは、目的地はヘディング方向にあるリーチングのレグが出現する可能性が高い。

アップウインドでのタッキングアングルを90度とすると、その確率は25％。ダウンウインドでは風速によってジャイビングアングルが大きく変化するが、70度とすると約20％。20％前後の確率で、VMGがマックスになるセーリングアングルよりも風下に目的地があるダウンウインドとなる可能性があるわけだ。それ以外、つまり全コースの半分以上はリーチングになるということ。リーチングのレグになる可能性が一番高いということだ。

そこで、インショアレースの風上風下コースでは搭載していなかったようなリー

風上風下のソーセージコースでは、正しくマークが設定されていれば、リーチングのレグになることはない。しかし、風向に合わせてマークを設定することがないオフショアレースやコースタルレースでは、リーチングのレグになる確率は50％以上ということになる

インショアレースもオフショアレースも、デッキワークの基本は同じなんですが、距離が長くなれば、レース準備や実際のデッキ上の動きは違ってきます。長いレースなら、なるべくオールハンズにせず、ワッチ内で作業をこなすように心がけないと、疲れがたまってしまいます。ここではスピードよりも確実な作業を心がけ、落水防止のセーフティーハーネスは当然、特に夜間の作業は慌てずに、まずは段取りと各自の役割を確認してから、と、インショアレースとはまた違う心がけが必要になります。

photo by Norio Igei

photo by Norio Igei

photo by Rolex / Carlo Borlenghi

チング用セールの登場だ。

コードゼロ

スピネーカーとジェノアを合わせた造語がジェネカーだった。

ジェネカーは非対称（Asymmetric）の意から、A1からA6までコードが振られている。軽風用のA1。風速が上がったらA2。リーチングならA3となる。

スピネーカーも同様に、S1からS2、あるいはS3……となる。

加えて、軽風から中風のリーチングを考えて開発されたのが、A0。つまりコードゼロだ。

これも、ルールの制約の中でいろいろなバリエーションがある。ラフはフライングで。

ラフにファーリングシステムが付いていて巻き込んだ状態のものをハリヤードで吊り上げてテンションをかけ、ピンと張った状態で展開。取り込みは、巻き込んでから降ろす。

かなり上れるダウンウインドセールという感じだ。

ステイスル

ジェネカーとマストとの間に展開するのがスピンステイスル（SS）。ジブとマストとの間に展開するのがジェノアステイスル（GS）。

本来、ステイスルとは、ラフをステイに沿わせて展開する帆船時代のセールのことを呼んだようだが、ここに挙げたステイスルは、ラフはフライング、つまりセールのラフ自体をピンと張って展開する。コードゼ

ロ同様、ファーリングした状態で揚げ降ろしするものが多い。

あるいは、ステイスルの代わりに、ジブを揚げたままにすることもある。

ジブトップ

ヘッドステイに沿わせて展開するのがジブだ。アップウインドの主役はこちらだった。

リーチングになるとジブシートを出していくことになるが、その際、リーチコントロールしやすいようにクリュー位置が高くなっているのがジブトップ。リーチング用のジブということになる。

シートを出しても波をすくいにくく、前方視界も良くなるので、クルージング艇でもよく使われる。

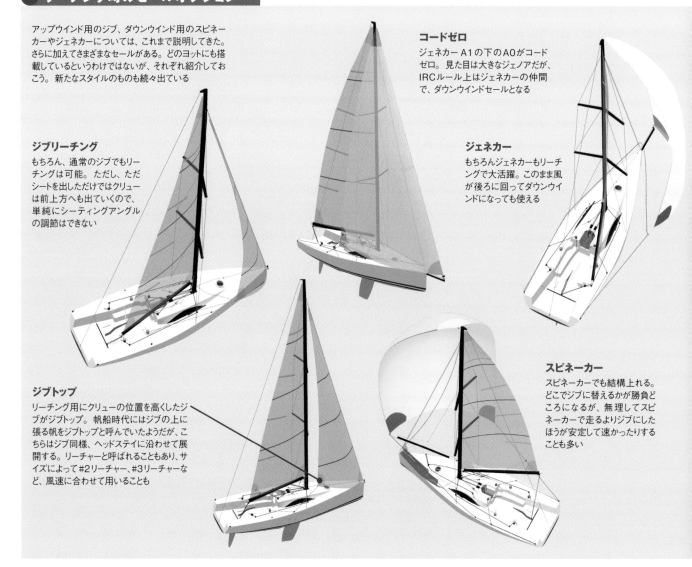

● リーチング時のセールオプション

アップウインド用のジブ、ダウンウインド用のスピネーカーやジェネカーについては、これまで説明してきた。さらに加えてさまざまなセールがある。どのヨットにも搭載しているというわけではないが、それぞれ紹介しておこう。新たなスタイルのものも続々出ている

ジブリーチング
もちろん、通常のジブでもリーチングは可能。ただし、ただシートを出しただけではクリューは前上方へも出ていくので、単純にシーティングアングルの調節はできない

ジブトップ
リーチング用にクリューの位置を高くしたジブがジブトップ。帆船時代にはジブの上に張る帆をジブトップと呼んでいたようだが、こちらはジブ同様、ヘッドステイに沿わせて展開する。リーチャーと呼ばれることもあり、サイズによって#2リーチャー、#3リーチャーなど、風速に合わせて用いることも

コードゼロ
ジェネカーA1の下のA0がコードゼロ。見た目は大きなジェノアだが、IRCルール上はジェネカーの仲間で、ダウンウインドセールとなる

ジェネカー
もちろんジェネカーもリーチングで大活躍。このまま風が後ろに回ってダウンウインドになっても使える

スピネーカー
スピネーカーでも結構上れる。どこでジブに替えるかが勝負どころになるが、無理してスピネーカーで走るよりジブにしたほうが安定して速かったりすることも多い

ハイブリッド

スピネーカーとジェネカーとの違いについては、これまで細かく見てきた。スピネーカーとジェネカーの両方を搭載したハイブリッド艇では、その使い分けが重要になり、リーチングが多くなるということは、ジェネカーの出番も多くなるということ。

セールチェンジ

インショアレースではマーク回航時にセールチェンジを行った。マークを回航する動作と同時に揚げ降ろしするところがミソだ。

対してオフショアレースでは、ヘディングをキープして走り続ける中で風向が変化

セール・コードチャート

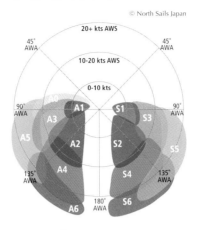

© North Sails Japan

ノースセール社のヘッドセール・コードチャート。Sは左右対称スピネーカー。Aが非対称スピネーカーつまりジェネカーということになる。A0がいわゆるコードゼロで、図上の数値はいずれも見かけの風向、風速だ。このあたり、セールメーカーによって呼び方や用途が違ってくる

外洋レースのコース図

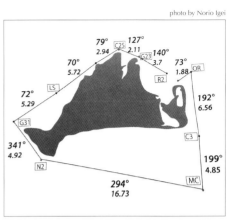

photo by Norio Igei

写真はコースタルレースでのコース図。不規則なコースレイアウトをクルー全員で把握しておく必要がある。どこを回るとヘディングは何度になり、となるとセールは何を使うのか……、一人一人が把握していることでデッキ作業もスムースに行える。各セールの適合風速＆風向は、各セールメーカーに相談し、自チームのものとしてデータを控えておこう

photo by Norio Igei

スピンステイスル
マストとヘッドステイとの間にフライングで展開するセール。バウポールからジェネカーを展開する場合、マストとの間にかなりの距離があるので、そこに展開する。インショアレースでも使われることが多い。コードゼロ同様、ファーリングしてホイスト→展開。取り込む際もファーリングしてから取り込み。ジャイビングのときも、いったんファーリングする

コードゼロやステイスルは、このようにファーリングしてラフ部分に巻き込むことができるようになっているものが多い

ジブリーチングでもステイスルを用いるケースあり。ジェノアステイスルなどステイスルの種類は多く、呼び名もさまざまだ

ジブ＆ジェネカー
長いバウポールを持つ艇では、ジェネカー展開後も、ジブはそのままステイスル代わりに展開しておくことも多い

リーチング用のセールはさまざま。ステイスルなんかは通常の風上風下のブイ回りレースでも使いますし。ロングとなればまた作戦次第でいろいろと。コードゼロでも、イラストのもののほか、軽風用にフラクショナルハリヤードを使って展開するフラクショナルコードゼロなんかもあったりして。このあたり、ルールとの絡みもあるのですが、今後もいろいろ新兵器が登場してくるはずです。積極的に使ってみてはいかがでしょうか。

しスピネーカーをホイスト、あるいは逆にスピネーカーを張り続けることができなくなりスピネーカーからジブへという作業となる。

実際には、先に挙げたリーチング用セールが途中に入るので、

ジブ
ジブシートの外取り
ジブトップ
あるいは
コードゼロ

ジェネカー
スピネーカー

と、状況に合わせて、適したセールが変化していくことになる。

ジェネカーからスピネーカー、あるいは同じスピネーカーでもS1→S2といったチェンジ（スピンピール）については84ページで詳しく解説した。ここではリーチングで走りながらのジェネカー取り込み方法の一つとして、メインセールのフットと

ブームとの間からコンパニオンウェイに取り込む方法について解説しておこう。

マーク回航時と違い、ときにはきついリーチングや強風下で、セールを海に落とすことなく確実に取り込むには良い方法だ。

このあたり、オフショアレースでのクルーワークは、インショアブイ回りのレースとはいろいろと違ってくるが、これは、日中だけ走る、いわゆるコースタルレース、ショートオフショアレースなどと呼ばれるコースでも同じだ。

● シーティング

クローズホールドからリーチングへの移行では、まずはジブシートを緩め、次にシートのリードを変える外取りへ。このとき、再び前に振れることも多いのでジブシートはそのまま、2本のシートでトリムしておく

このまま長時間ジブリーチングが続くこともある。シートは風上側のウインチにリードして、ヘッドセールトリマーも風上でヒールを起こすなどの工夫もできる

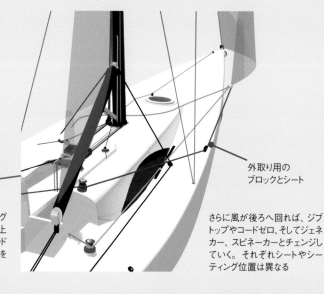

外取り用のブロックとシート

さらに風が後ろへ回れば、ジブトップやコードゼロ、そしてジェネカー、スピネーカーとチェンジしていく。それぞれシートやシーティング位置は異なる

photo by Rolex / Daniel Forster

コースタルレースやロングレースでは、この手のリーチングセール用のシートやブロックを用意して、まとめてバッグに入れてます。リーチングバッグって呼んでますけど。もちろん、セールごとにリード位置を確認して、リード用のブロックを取り付ける場所を事前に決めておくことは重要。

● リーチングでのジェネカードロップ

ここまで見てきたスピネーカーの展開と回収は、ブイ回りのレースでのものだった。風上マークを回航するときにスピネーカーを展開してジブダウン。風下マークでジブアップからスピネーカーのダウン、という具合。マークを回航するとヘディングが大きく変わり、それに伴って風向が激変するということ。それに対応するためのセールチェンジだった

対して、オフショアレースでは、ヘディングは変わらず風向や風速が変化するためにセールチェンジをしなければならないことが多い。クローズホールドから次第に風が後ろに回りリーチングになりスピネーカーやジェネカーを揚げられる状況になったり、逆にスピネーカーを張りきれなくなったためにジブに替えるという具合だ。状況に合わせて、取り込みにも工夫が必要になる

> リーチングで強風下となると、バウに取り込むのはなかなか大変。そんなときはコクピットに取り込むのがおすすめです。フットとブームとの間の隙間から取り込むと、うまくいきます。僕らはレターボックスって呼んでますが、細い隙間からセールが出てくるところが、まさに郵便受けって感じ?

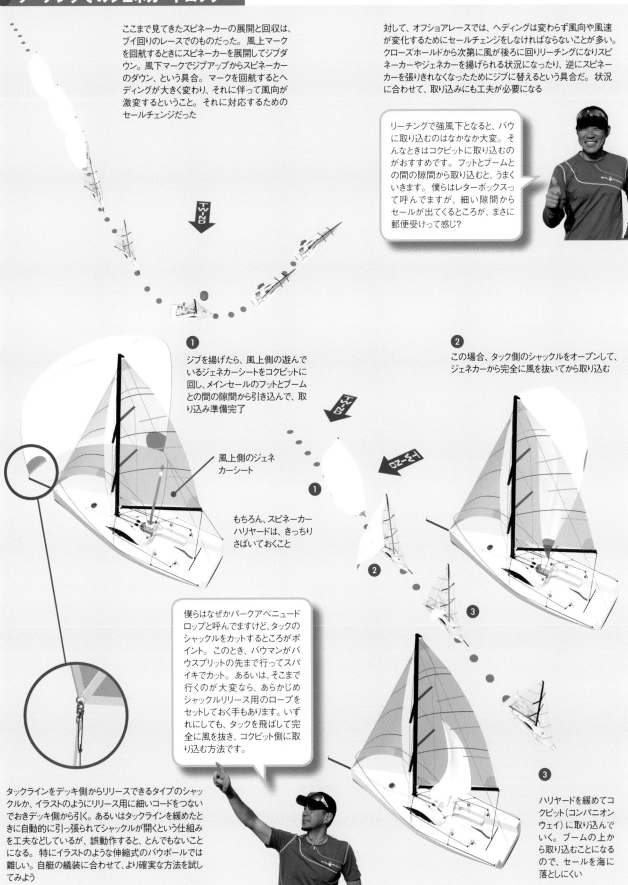

① ジブを揚げたら、風上側の遊んでいるジェネカーシートをコクピットに回し、メインセールのフットとブームとの間の隙間から引き込んで、取り込み準備完了

風上側のジェネカーシート

もちろん、スピネーカーハリヤードは、きっちりさばいておくこと

② この場合、タック側のシャックルをオープンして、ジェネカーから完全に風を抜いてから取り込む

> 僕らはなぜかパークアベニュードロップと呼んでますけど、タックのシャックルをカットするところがポイント。このとき、バウマンがバウスプリットの先まで行ってスパイキでカット。あるいは、そこまで行くのが大変なら、あらかじめシャックルリリース用のロープをセットしておく手もあります。いずれにしても、タックを飛ばして完全に風を抜き、コクピット側に取り込む方法です。

タックラインをデッキ側からリリースできるタイプのシャックルか、イラストのようにリリース用に細いコードをつないでおきデッキ側から引く。あるいはタックラインを緩めたときに自動的に引っ張られてシャックルが開くという仕組みを工夫などしているが、誤動作すると、とんでもないことになる。特にイラストのような伸縮式のバウポールでは難しい。自艇の艤装に合わせて、より確実な方法を試してみよう

③ ハリヤードを緩めてコクピット(コンパニオンウェイ)に取り込んでいく。ブームの上から取り込むことになるので、セールを海に落としにくい

オフショアレースでの
アップウインド

リーチングとダウンウインドとの境界は曖昧(あいまい)な部分もある。ということは、全航程の75%はクローズホールドではないということだ。これは、オフショアレースとまでは言わずともコースタルレースも同じだ。

逆に言えば、25%はアップウインドレグになるということだが、これがまた上下ブイ回りにおけるアップウインドとは、ちょっと違う。

上りいっぱいのクローズホールドで、目的地はもっと風上にあって上りきれない状態がアップウインドだ。タッキングを繰り返して目的地を目指す。

オフショアレースでは、上りきれずに走り続け、しかし次第に風が振れ、やがて上りきれるようになり、結局タッキングすることなしに目的地に到達することもある。それでも、最大VMGを目指して高さとスピードの折り合いをつけて走るクローズホールドの状態で走ることには変わりはない。

インショアブイ回りレース同様アップウインド用のヘッドセール、ジブを用いて走るわけだが、これも風速によってライト、ミディアム、ヘビー、そして#3、#4と使い分けていく。

ジブ交換

インショアブイ回りレースではアップウインドレグの途中でジブチェンジをすることは、まずない。その間のスピードロスが大きいからだ。セールのトリムなどで工夫し、なんとか風上マークまで走りきり、次の風下マークで別のジブをセットする。それだけに、スタート前、あるいは風下マーク回航前に次のレグでのコンディションを考慮し、セールを選ぶことが重要だ。

この場合も、新たに使うジブをデッキに上げそれまで揚げていたジブはダウンビローに戻すという作業は必要になるわけだが、迷ったときは、二つともデッキに上げておき最終判断を待つということもある。キャビン内の収納位置も、その日のコンディションを考慮して、軽風が予想されるなら強風用セールは下のほうに、全体的に前に積むなどといった配慮をして用意する。その前に、どのセールを積み込むか（どれを降ろすか）という判断も必要だ。

オフショアレースでは、これに加えて、アップウインドで走りながら、なるべくスピードや高さをロスすることなくセールチェンジをする必要が出てくる。

タックチェンジ

セールチェンジで最も効率がいいのが、タックチェンジだ。その名の通り、タッキングしながらセールチェンジする。

レース艇にはヘッドフォイルが付いており、2枚のヘッドセールを同時に展開することができる。ジブハリヤードも複数ある。つまり、2枚を同時に揚げることができる。

古いジブを展開したまま、新たなジブを展開し、タッキングしながら古いジブを降ろす、これがタックチェンジ。

ポイントは、風上側のグルーブ＆ハリヤードが空いていること。風上側に新しいジブを揚げて（内揚げ）からタッキング。降ろすセールはタッキング後に風上側になる。つまり、風上側に揚げて風上側に降ろせるということだ。

インショアブイ回りのレースでも、距離が長く、風速が大きく変化した場合などでどうしてもセールチェンジする必要があるときも、こちらタックチェンジとなる。

ストレートチェンジ

ジブ交換をするならタックチェンジが最も作業しやすく、スピード＆高さのロスも最小で済む。

photo by Rolex / Carlo Borlenghi

● タックチェンジ

ジブ交換で最も効率的なのがこちら、タックチェンジ。その名の通り、タッキングしながらジブを交換する。ここまで展開していたセールを旧ジブ、新たに展開するジブを新ジブとして説明しよう

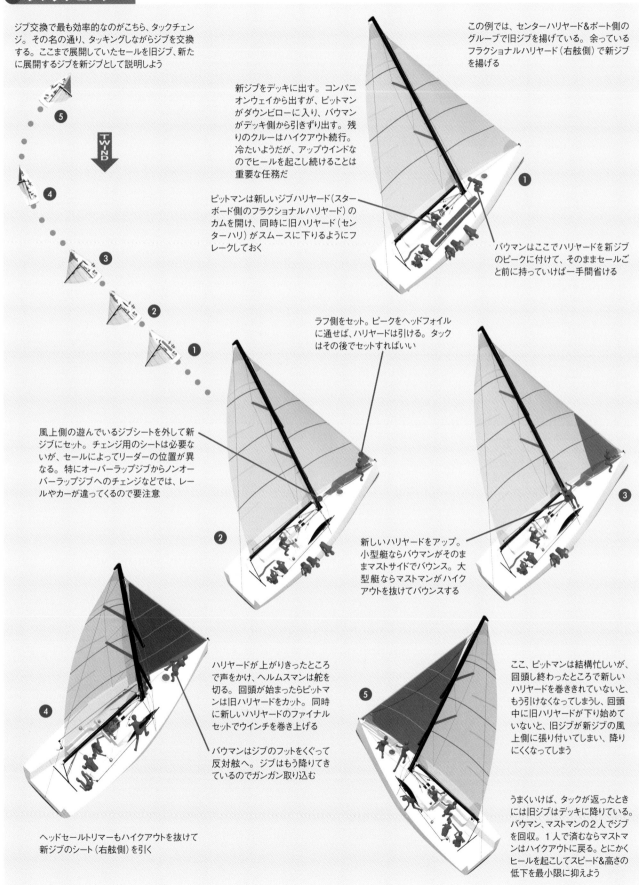

この例では、センターハリヤード&ポート側のグルーブで旧ジブを揚げている。余っているフラクショナルハリヤード（右舷側）で新ジブを揚げる

新ジブをデッキに出す。コンパニオンウェイから出すが、ピットマンがダウンビローに入り、バウマンがデッキ側から引きずり出す。残りのクルーはハイクアウト続行。冷たいようだが、アップウインドなのでヒールを起こし続けることは重要な任務だ

ピットマンは新しいジブハリヤード（スターボード側のフラクショナルハリヤード）のカムを開け、同時に旧ハリヤード（センターハリ）がスムースに下りるようにフレークしておく

バウマンはここでハリヤードを新ジブのピークに付けて、そのままセールごと前に持っていけば一手間省ける

ラフ側をセット。ピークをヘッドフォイルに通せば、ハリヤードは引ける。タックはその後でセットすればいい

風上側の遊んでいるジブシートを外して新ジブにセット。チェンジ用のシートは必要ないが、セールによってリーダーの位置が異なる。特にオーバーラップジブからノンオーバーラップジブへのチェンジなどでは、レールやカーが違ってくるので要注意

新しいハリヤードをアップ。小型艇ならバウマンがそのままマストサイドでバウンス。大型艇ならマストマンがハイクアウトを抜けてバウンスする

ハリヤードが上がりきったところで声をかけ、ヘルムスマンは舵を切る。回頭が始まったらピットマンは旧ハリヤードをカット。同時に新しいハリヤードのファイナルセットでウインチを巻き上げる

バウマンはジブのフットをくぐって反対舷へ。ジブはもう降りてきているのでガンガン取り込む

ここ、ピットマンは結構忙しいが、回頭し終わったところで新しいハリヤードを巻ききれていないと、もう引けなくなってしまうし、回頭中に旧ハリヤードが下り始めていないと、旧ジブが新ジブの風上側に張り付いてしまい、降りにくくなってしまう

うまくいけば、タックが返ったときには旧ジブはデッキに降りている。バウマン、マストマンの2人でジブを回収。1人で済むならマストマンはハイクアウトに戻る。とにかくヒールを起こしてスピード&高さの低下を最小限に抑えよう

ヘッドセールトリマーもハイクアウトを抜けて新ジブのシート（右舷側）を引く

しかし、タックチェンジをするには風上側のグルーブが空いていなければならない。何より、タッキングする必要がないような状況（片上り）では2度のタッキング自体が大きなロスとなる。

そこで、タッキングなしにジブチェンジするのがストレートチェンジ。

風上側のグルーブが空いているなら、カミ揚げシモ降ろし。風下側のグルーブが空いているなら、シモ揚げカミ降ろしと、どちらも可能だ。

降ろし揚げ

展開しているジブを降ろしてから次のジブを揚げるのが、降ろし揚げ。作業は楽なようだが、ストレートチェンジなら常に風下側にセールが壁のように立ちふさがるが、降ろし揚げでは、全部のセールが降りてしまい、艇速が大きく減じるのみならず、風下側の壁もなくなり、バウデッキは風と波にさらされてしまうので、作業は要注意だ。

リーフ

風の強弱に合わせてヘッドセールは交換していくが、メインセールは1枚しか搭載していない。そこで、リーフ（縮帆）する。リーフの場合、新しいセールを用意したり、降ろしたセールをしまうという作業は必要ないので楽だ。クローズホールドでは風圧の中心が前に移動するので、オーバーヘルムも解消しやすい。

作業としては、
①メインハリヤードを下ろす
②タック側を決める
③ハリヤードにテンションをかける
④リーフラインを引く

と、わりにシンプルだ。イラストで細かな注意点を書き加えておくが、これも作業をスムースに進めるためには段取りが重要だ。特に普段のインショアブイ回りレースではリーフすることはあまりないので、オフショアレースに向けて、ぶっつけ本番ではなく、しっかり練習しておく必要がある。

サバイバルモード

いかに早くフィニッシュラインを横切るか。そのためにあらゆる努力をするのがヨットレースだ。当然ながら、より速く走ることが目的となる。

とはいえ、ヨットを壊してしまっては元も子もない。荒天下のオフショアレースは、どこまで無理が利くかの限界に挑戦しているともいえるわけだが、気象海象を考慮して、スピードよりも、無事にフィニッシュラインまで走り抜くことを目的とする段階になることもある。これがサバイバルモード。速く走ることよりも、無事に走りきることが目的となる。

また、荒天下で用いるストームとヘビーウエザーセールは、国際セーリング連盟の外洋特別規定（OSR）で、レース用セールとは切り離して搭載することになっている。

● ストレートチェンジ

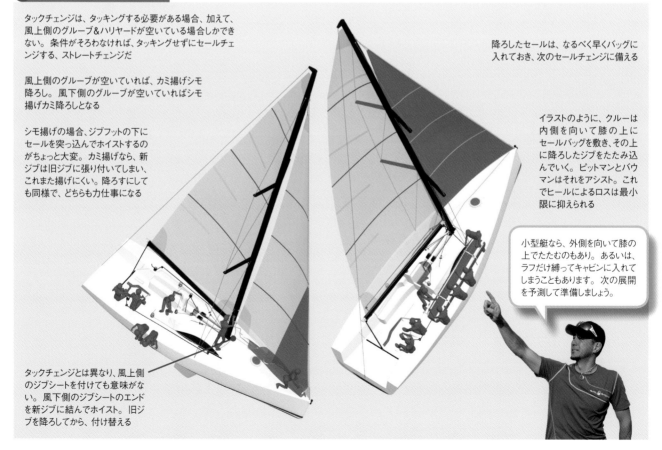

タックチェンジは、タッキングする必要がある場合、加えて、風上側のグルーブ＆ハリヤードが空いている場合しかできない。条件がそろわなければ、タッキングせずにセールチェンジする、ストレートチェンジだ

風上側のグルーブが空いていれば、カミ揚げシモ降ろし。風下側のグルーブが空いていればシモ揚げカミ降ろしとなる

シモ揚げの場合、ジブフットの下にセールを突っ込んでホイストするのがちょっと大変。カミ揚げなら、新ジブは旧ジブに張り付いてしまい、これまた揚げにくい。降ろすにしても同様で、どちらも力仕事になる

タックチェンジとは異なり、風上側のジブシートを付けても意味がない。風下側のジブシートのエンドを新ジブに結んでホイスト。旧ジブを降ろしてから、付け替える

降ろしたセールは、なるべく早くバッグに入れておき、次のセールチェンジに備える

イラストのように、クルーは内側を向いて膝の上にセールバッグを敷き、その上に降ろしたジブをたたみ込んでいく。ピットマンとバウマンはそれをアシスト。これでヒールによるロスは最小限に抑えられる

小型艇なら、外側を向いて膝の上でたたむのもあり。あるいは、ラフだけ縛ってキャビンに入れてしまうこともあります。次の展開を予測して準備しましょう。

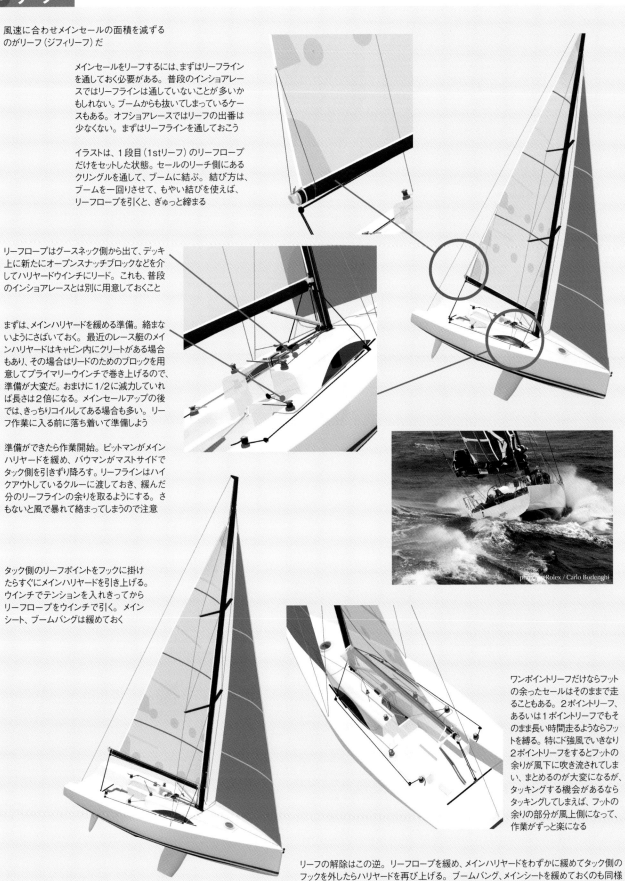

● リーフ

風速に合わせメインセールの面積を減ずる
のがリーフ（ジフィリーフ）だ

メインセールをリーフするには、まずはリーフライン
を通しておく必要がある。普段のインショアレー
スではリーフラインは通していないことが多いか
もしれない。ブームからも抜いてしまっているケー
スもある。オフショアレースではリーフの出番は
少なくない。まずはリーフラインを通しておこう

イラストは、1段目（1stリーフ）のリーフロープ
だけをセットした状態。セールのリーチ側にある
クリングルを通して、ブームに結ぶ。結び方は、
ブームを一回りさせて、もやい結びを使えば、
リーフロープを引くと、ぎゅっと締まる

リーフロープはグースネック側から出て、デッキ
上に新たにオープンスナッチブロックなどを介
してハリヤードウインチにリード。これも、普段
のインショアレースとは別に用意しておくこと

まずは、メインハリヤードを緩める準備。絡まな
いようにさばいておく。最近のレース艇のメイ
ンハリヤードはキャビン内にクリートがある場合
もあり、その場合はリードのためのブロックを用
意してプライマリーウインチで巻き上げるので、
準備が大変だ。おまけに1/2に減力していれ
ば長さは2倍になる。メインセールアップの後
では、きっちりコイルしてある場合も多い。リー
フ作業に入る前に落ち着いて準備しよう

準備ができたら作業開始。ピットマンがメイン
ハリヤードを緩め、バウマンがマストサイドで
タック側を引きずり降ろす。リーフラインはハイ
クアウトしているクルーに渡しておき、緩んだ
分のリーフラインの余りを取るようにする。さ
もないと風で暴れて絡まってしまうので注意

タック側のリーフポイントをフックに掛け
たらすぐにメインハリヤードを引き上げる。
ウインチでテンションを入れきってから
リーフロープをウインチで引く。メイン
シート、ブームバングは緩めておく

photo by Rolex / Carlo Borlenghi

ワンポイントリーフだけならフット
の余ったセールはそのままで走
ることもある。2ポイントリーフ、
あるいは1ポイントリーフでもそ
のまま長い時間走るようならフッ
トを縛る。特にド強風でいきなり
2ポイントリーフをするとフットの
余りが風下に吹き流されてしま
い、まとめるのが大変になるが、
タッキングする機会があるなら
タッキングしてしまえば、フットの
余りの部分が風上側になって、
作業がずっと楽になる

リーフの解除はこの逆。リーフロープを緩め、メインハリヤードをわずかに緩めてタック側の
フックを外したらハリヤードを再び上げる。ブームバング、メインシートを緩めておくのも同様

ストームトライスル

　荒天用セールの搭載は、OSRで材質、色、最大サイズが決まっている。

　ストームトライスルとは、ヘッドボード、バテンなしで、ブームに関係なく独立してシーティングできること、となっており、メインセールに代えてマストの後ろに展開するセールだ。

　通常、メインセールは1枚しか搭載できないので、メインセールが壊れたときの代替セールとしても使用できる。

　カテゴリー3では、ストームトライスルに代えて、メインセールがラフの長さの40%以上リーフできれば良い、となっており、国内レースではストームトライスルの出番は少ない。しかし、本格的な外洋を走るには、そしてサバイバルモードになった場合には絶対に必要な装備なので、実際に展開して、シーティング方法などを確認しておく。

アンカー設備

　逆に、無風で潮に流されて逆走してしまうこともある。その場合はアンカーを打ち、その場にとどまるという選択肢も出てくる。これもある意味サバイバルだ。

　レース艇の場合、さほど長いアンカーケーブルは搭載していないので、さまざまなコントロールラインを継ぎ足して用を足すことになる。

● ストームトライスル

国際セーリング連盟の外洋特別規定［4.26］では、荒天下における艇の安全な推進力を確保する目的のため、レース用セールとは切り離して、ストームおよびヘビーウエザーセールを搭載することになっている。ストームトライスルとストームジブはカテゴリー2（128ページ参照）以上で必要となり、サイズや材質、あるいは視認性を高くするために色も規定されている

ストームトライスルとは、
・面積は、メインセールラフの長さ×メインセールフットの長さの数値の17.5%以下
・ブームに関係なく独立してシーティングが可能
・ヘッドボード、バテンなしのセールで、メインセールに代えて展開する

セールナンバーも艇の識別のための重要なアイテムだ。これまでの連載では記載しなかったが、ストームトライスルにもセールナンバーは必要だ。それも、できる限り大きいもの、とある

シーティングはブームを使わず、スピネーカーシートを使うケースが多い。シーティングアングルはタックの高さを上げ下げして調節する。ということは、あらかじめちょうど良い長さのタックペンダントを用意しておくこと

降ろしたメインセールはブームに固縛。ブームもブラブラしないように、ロープで左右からデッキに結ぶ。メインセールが壊れるなどで、ブームからトライスルを展開するケースもあるが、ブームなしで展開すれば強風下でのジャイビングも楽。トライスルは、ブームなしで展開するものと考えよう

ストームトライスルは昔のままで、マストを新調した、なんてケースもあり、ボルトロープの径が微妙に合わないとか、あるいは、ラフスライダー方式に替えるなど、いざ荒天となってトライスルが揚がらないなどという場合もある。レース前に必ず一度は展開しておくこと。レースによっては、スタート前にストームトライスルを展開してチェックインすることを義務づけているケースもあるくらいだ

photo by Rolex / Daniel Forster

ストームおよびヘビーウエザージブは、面積ばかりか、ラフはヘッドフォイルから独立して装着できなければならないとある。ヘッドフォイルが壊れても展開できるようにということ。実際はセールのラフに穴を開け、細いロープでヘッドステイに結ぶなどとなる

もちろん、ヘッドフォイルが壊れていなければ、通常通り、ラフのボルトロープをヘッドフォイルに通して展開する

あるいは、ストームジブの展開用にインナーフォアステイの設置も強く推奨されている。とにかく、カテゴリー2以上のレースでは、通常レース艇が帆走する海象を超えた条件になる可能性があり、それに耐え得る装備をしなければならないということだ

逆に、無風で潮に流されてバックしないようにアンカーを打つこともある。これもある意味サバイバル。この場合、通常の錨泊と異なり、とんでもない長さのアンカーケーブルが必要になることもある。さまざまなことが起きる、それが外洋レースであり、それに対処するのが外洋レースの楽しみでもある

あるいは入江に避難して錨泊し荒天を凌ぐということもある。アンカー設備も、外洋レースにおいては重要な装備となることがあるのだ。

リタイア

いよいよ走りきれないとなったら、レースから離脱する。リタイアだ。

とはいえ、リタイア後も自力でどこか陸地までたどり着かなければならない。ほかからの助けが必要になったらそれは遭難だ。遭難することなく自力で陸地までたどり着ける余力を残してリタイアしなければならないことになる。

ロングオフショアレースでは、途中で風がなくなり、水や食料が不足してしまいリタイア、なんてこともある。それらの際の必要最低限の装備は、前述のOSRで搭載が義務づけられている。この後解説するスタート前の準備が重要ということだ。

ナビゲーション

インショアレースにも増して、オフショアレースではさまざまな情報が重要になる。現在地と目的地の方位、気象海象とその変化、と、これは目に見える場合もあるし、見えないこともある。他艇がどこにいてどんな走りをしているのかも、インショアレースとは違い、見えないことが多い。それらの情報をいかにして入手するか。それを整理して戦略／戦術に活用する。ナビゲーションが重要になる。ワッチシステムからナビゲーターが外れることが多いのも、そんな理由からだ。

通信

オフショアレースでは特別に通信規定が設けるられることも多い。定時に自艇位置を通告する、ロールコールと呼ばれる通信だ。

また、気象情報を入手するためにも外部との通信は不可欠になるが、『セーリング競技規則』規則41で、外部からの援

photo by Rolex / Daniel Forster

たとえマストが折れても、なんとかしてどこかの港まで自力で走り続けないと、遭難になってしまう。あるものを利用して自立していこう。写真は、残ったリグを用いて最低限の帆装を施したジュリーリグの例

助を受けてはならないと規定されている。

気象情報でも、すべての艇が自由に得られる情報形態でなければ入手することができず、利用の可否がレースごとに細かく規定されていることもある。艇上から家族に電話するなどということが気楽にできるようになった昨今だが、レース中の通信には特に注意しよう。

*

このように、同じ外洋艇のレースでも、

インショアブイ回りとオフショアレースとでは状況はかなり違う。オフショアレースでも、2オーバーナイト程度のレースと5日以上かかるようなレースとでは、これまた大違い。あるいは、インショアレースでも、コースタルレースなどではまた違う要素が入る。

と、外洋艇のレースは幅広い。チャンネルを広げて、さまざまな情報を取り入れていこう。

ライフジャケットは落水した後に役立つもの。落水防止にはセーフティーハーネス。OSRカテゴリー2以上のレースでは、セーフティーハーネス一体型のライフジャケットが必要になる。

膨張式ライフジャケットは、重要な安全装備。個人装備として自分の責任で管理したい

第⑤章 スタートラインを切るまでに

外洋レースにしてもインショアレースにしても、スタートラインにつくまでに、やらなければならないことはたくさんある。
これもクルーワークの一つといってもいい。

どのレースに出るか

まずは、どのレースに出るかを決めることから話は始まる。

ヨットレースの種類

一言でヨットレースといってもいろいろある。沿岸部で行われるのがインショアレースで、多くは、マークとなるブイを打って、そこを回航するブイ回りのレースとなる。対してオフショアレースは、島を回ってスタート地点に戻る島回りのレースと、スタート地点とは別の場所にフィニッシュするものとに大別でき、それぞれ準備や日程が違ってくる。

レースの規模自体もさまざまなレベルがあり、手軽なのが、ヨットクラブで定期的に開催されるクラブレースだ。これはシーズンを通して獲得ポイントを競い年間王者を決定するというスタイルも多く、ポイントレースなどとも呼ばれる。

そこから一歩進んだものが選手権試合だ。クラブレースでは、おおむね自分が所属するヨットクラブの仲間同士で楽しむのに対し、地域の選手権、さらには全日本選手権と、こちらは覇を競う晴れの舞台となる。

通常クラブレースは週末の1日で終わるが、選手権試合なら連休を使った3日間にわたるものから、さらに5日以上となってカレンダー上の土日祝日とは別に休みを取らなければこなせない日程になったりもする。他水域での開催となれば宿泊先やヨットの運搬も必要になるなど、長期の遠征となると、また別の苦労が生じる。

逆にもっと手軽に参加できるオープンヨットレースもある。これはヨットレースが目的というよりもお祭りイベントの余興としてヨットレースも行うという雰囲気のものもあり、ルールの縛りも少なく、競うという目的は薄くなるかもしれないが、最初の取っ掛かりとしては敷居が低い。ただし、ほかの参加艇もみな初心者だと、それだけトラブルも多くなるといえる。事故には十分気をつけて、お祭り気分に浮かれず緊張感を持って参加しよう。

レース公示

そのレースイベントが、いったいどんな内容なのか。「どのレースに出るか」を決める上での資料となるものが、レース公示（実施要項、Notice of Race：NOR）だ。

レース公示はそれぞれのレース主催者によって作成される。いつ、どこで、誰

日本ではボリュームゾーンとなっている30ft台の中型艇が集う、関東ミドルボート選手権の様子。現在は、IRCハンディキャップで競われている

● レースに出るまで

レースに出るまでに、さまざまな作業が必要になる。リストアップして担当を決め、漏れのないように進めよう。

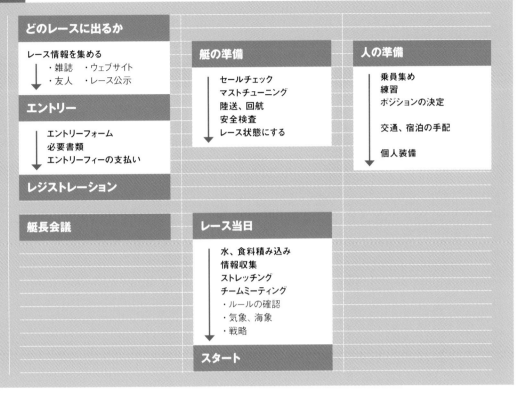

どのレースに出るか

レース情報を集める
- ・雑誌　・ウェブサイト
- ・友人　・レース公示

エントリー

エントリーフォーム
必要書類
エントリーフィーの支払い

レジストレーション

艇長会議

艇の準備

セールチェック
マストチューニング
陸送、回航
安全検査
レース状態にする

レース当日

水、食料積み込み
情報収集
ストレッチング
チームミーティング
- ・ルールの確認
- ・気象、海象
- ・戦略

スタート

人の準備

乗員集め
練習
ポジションの決定

交通、宿泊の手配

個人装備

が主催するのか。適用されるルールやエントリーフィー、その支払い方法など、レースの内容が記載されており、そのレースが自分たちの興味やレベルに合ったレースイベントなのか、そもそも自分たちに参加する資格があるのかないのかなどを判断することができる。

レース公示は、登録しておけば自動的に送られてくるというわけではない。レースが開催されるという情報をどこかで仕入れて、自らレース公示を入手しなければならないわけだ。

そのためには、ヨット雑誌でレース記事を見たり、マリーナで情報を仕入れたりといった日ごろからのセーラー仲間とのお付き合いも重要になる。最近はインターネットにもさまざまな情報が出ており、JSAF（日本セーリング連盟）のホームページ「on Breeze」（http://onbreeze.org/）には、日本中の加盟団体から発信されるレース情報が週刊で掲載されているので、それもチェックしておくといいだろう。

次のシーズンにはどんなレースがあるのか、前年の雑誌記事を探して読んでみ

るのもいい。じっくり調べて、自分たちにピッタリ合ったレースを選ぼう。

安全規則

レース公示には、そのレースで適用されるルールが記載されている。ヨットレースの基本となる『セーリング競技規則（RRS）』は当然として、安全のための規則『OSR：Offshore Special Regulations（外洋特別規定）』が適用されることも多い。

OSR正文は英語で、World Sailing（国際セーリング連盟）のホームページから入手可能だが、JSAF（日本セーリング連盟）の外洋安全委員会から日本語参考訳も出ている（http://jsafanzen.jp/）。

また、日本国内での独自の法規などを考慮した「OSR国内規定」も定められており、レース主催者は適用することができる。

OSRではレースが行われる海域によって、0〜4の5段階、それぞれモノハルとマルチハルに分け、別にインショアとディンギーインショアの付則を加え、そのレースイベントでどのカテゴリーが適用されるか決まってくる（128ページ参照）。

インショアレースではカテゴリー4（温暖な地域で、昼間、陸の近くで行われる短いレース）で。オフショアならカテゴリー3（開放された水域で、海岸線の近くを横切るレース）。あるいはこれをベースに別に大会で特別な規定を設ける場合もある。

OSRの内容は、責任の所在や基本条件から始まり、ヨットの構造や復原力、固定された部品から携行装備、あるいは個人装備にトレーニングまで、多岐にわたる。ルールは2年ごとに改定され、その間、世界中で行われてきたヨットレースの実績から蓄積された、安全のための対策が凝縮された規定になっている。

この規定は、検査を受けて合格証を得るというものではない。参加艇側で自ら検査し確認するというものであり、また年に一度検査すればいいというものではなく、その状態を持続させることが重要だ。

そして、レース主催者は参加艇がこの規定に従っているかどうかを確認する権利を有する。つまり、レース期間中に抜き打ちで安全検査が行われ、そのとき規定に合致していないと、なんらかのペナル

選手権試合では、参加艇は指定の泊地に係留させ、期間中に上架はできない。朝、潜って船艇掃除をする例も。セーリング以外に、やることはいっぱいあるのだ

ティーが科せられるということだ。

この規定は、レース艇のための最低限の安全対策ということになっているが、クルージング艇でも効果があるので、ぜひとも確認していただきたい。安全が担保されてこその楽しいヨット遊びなのだから。

レーティング証書

ヨットレースは、スクラッチレースとハンディキャップレースとに分けられる。

着順勝負のスクラッチレースに対し、艇の性能差をハンディキャップで修正して勝敗を決めるのがハンディキャップレースで、ハンデの決め方にはいくつかの方法がある。これらはレーティングルールとも呼ばれ、どのルールが適用されるのかもレース公示に明記されている。適用されるレーティング証書を持っていなければ事前に取得する必要があるし、さもなければ、そのレースには出場できない。現行のレーティングルールをいくつか紹介しておこう。

・IRC

現在わが国で一番普及しているのが

IRCだ。名称には深い意味はないという。ジャパンカップでも用いられている国際的な制度だが、その算出方法はブラックボックスで、根拠は公開されていない。それでも、選手権規模のレースではより有利な数値を求めるレーティング対策も行われている。

IRCは、計測を基にハンデ値を算出するエンドーストと、自己申告によるノーマルとの2種類があり、IRCのレースにはそれらのIRC証書を持っていないと参加資格はないことになる。

・ORC

IRCの前に主流だったのが、より科学的にヨットの性能を解析していたIMS（International Measurement System）で、現在ではORC（Offshore Racing Congress）によって管理されるORC-I（ORCインターナショナル）とORCクラブという二つのハンディキャップクラスからなり、世界選手権も開催されている。

わが国では先述のIRCが主流となっているが、2016年からIRCと同様にORCも日本セーリング連盟によって管理される

ことになった。

一つの修正係数（TCC）しか持たないIRCはシンプルさが売り。対して、ORCはインショア、オフショア、風速によってと、多様なスコアリングに対応している。

・ワンデザイン

着順勝負のスクラッチレースでは、競

大会本部の受付で出艇申告。クルーが乗り替わることもある。こうしたペーパーワークも競技のうちだ。抜かりなく行おう

技艇の規格を合わせる必要がある。厳格な規格の下に建造されたワンデザインクラスや、特定の規格内で自由に建造されるボックスルール。あるいは一定のレーティングの下にクラスを設けて着順勝負をするレベルレースなどがある。

わが国でも、J/24クラスなどでワンデザインの選手権が行われている。

・オープン

以上のような証書が必要となるレーティングルールは用いず、ハンデ値は主催者側が勝手に決めるというケースもある。「とりあえず一度はレースに出てみたい」というようなセーラーの場合、正規のハンディキャップ証書を取得するにはその前にJSAF（日本セーリング連盟）への艇登録が必要であったりと、垣根が高く感じられるかもしれない。そこで、レースの主催者側で勝手にハンデ値を決めてしまうことで、複雑な手続き抜きにレースに参加できるようにしようというわけだ。

半面、不公平感を感じるかもしれないが、レースの結果にはこだわらずとにかくレースの雰囲気を味わってみたい、あるいは大勢で走ってみたいという層にはこちら。

あるいは、身内だけで競うクラブレースでも、クラブ独自のハンディキャップを用いる場合もある。実情をうまく考慮すれば、ハンデを付ける委員会が海外にあるIRCよりも公平感のある数値に収まる可能性もある。

乗員資格

そのレースに出ることができる資格は、ヨットそのものだけではなく、乗員にも課せられる。また、ハンディキャップルールの中で乗員の合計体重が規定されているものもある。この場合、主催者側で公式な体重計測を行い、その範囲内で乗艇が許されることになる。あるいは、人数制限のクラスもある。

さらには、アマチュア規定を設けているクラスもあり、この場合、国際セーリング連盟のセーラー分類規定（Sailor Classification Code）でGroup 1（アマチュア）からGroup 3（プロ）までのコードに分かれており、それ

に従って乗員を決めていくことになる。クラシフィケーション（分類）は、国際セーリング連盟のホームページから申告でき、無料で公布される。

また、国内のレースならJSAF（日本セーリング連盟）の会員資格、あるいはJSAF外洋加盟団体の会員資格が必要な場合もある。

これらもすべてレース公示に記されているので、まずはレース公示をよく読んで、自艇と乗員がそのレースに出場する資格があるか否かを判断しよう。

エントリー

レース公示を基に、自艇がそのレースに参加する資格があるかないかを判断し、出場を決めたらエントリーだ。

必要書類

エントリーの方法もレース公示に書かれている。前述のレーティング証書や、クルーにJSAF会員資格が必要なら会員証のコピー、あるいは船検証や保険証のコピーなど、必要書類を集めて提出する。必要書類やエントリーの時期、エントリーフィーやその支払い方法などもすべて公示に書いてあるはずだ。公示をよく読んで、抜かりなく手続きを進めよう。この段階ですでにヨットレースは始まっている。

艇長会議

エントリーが終了すると、しばらくして主催者側から帆走指示書（Sailing Instructions）などが送られてくる。あるいは、レース前に艇長会議が開催され、その場で配られる場合もある。そこでは、

・帆走指示書
・レースフラッグ
・クラス旗
・ゼッケンあるいはバウナンバーのステッカー

などが配布される。

帆走指示書などはある程度前もって公開されないと困ることも多いが、実際には直前に渡されるケースもある。このあたり、主催者のこれまでの実績などを考慮して出場するレースを選ぶという段階でチェックしたい。

大きな大会なら、まずレジストレーション（登録）があり、艇のインスペクションや体重計測といった事前の検査が行われる。

艇長会議では、主催者側、レース委員会側から細かな注意が出されるが、ここでなにか疑問点があれば質問も受け付けられることが多い。それまでに、レース公示と帆走指示書をよく読んで頭に入れておかないと質問もできないので注意しよう。

レース公示や帆走指示書に変更がある場合は、そのつど公式の文書で掲示されるので、それも見逃さないように。

レース公示や帆走指示書の変更など、公式の掲示物は公式掲示板に張り出される。朝夕のチェックは欠かさずに。「聞いてないよ〜」という言い訳は通用しない

毎日の気象や潮汐、あるい帆走指示書やその変更、ライバル艇の状況など、すべての情報はクルー内で共有しよう。朝のミーティングはもちろん、夕食時などでの会話も重要だ

艇をレース状態にする

乗員の練習はもちろん、艇をレース状態にするという作業が必要になる。

リグやラダーといった重要な装備のチェックは普段からの整備として、船底もきれいにすることで抵抗が軽減される。

さらに、軽量化のためには、必要のないものを降ろす。普段レースに出ていない艇なら、「必要ないものを降ろす」より、まずは搭載品を全部降ろしてヨットを空っぽにしてみよう。この際なので床板も外して大掃除もすると、思わぬトラブルの芽を発見できるかもしれない。その上で、本当に必要なものだけを積み込む。積み込む際は、重量物はなるべく低い位置、それも艇の中心に集中して置くことで無駄な動揺を防げる。このときOSRに合わせた安全備品のチェックも行えば無駄がない。これだけで一日仕事になるはずだ。

この作業の過程で、どれだけ無駄なものが搭載されていたか呆然とするケースもあるだろうし、降ろした備品を収納しておく場所を確保する必要があるかもしれない。それでもこれはレースを楽しむためには、ぜひともこなしておきたい作業だ。

加えて、遠征ならばヨットの運搬も必要になり、これもトラックでの陸送と、自走で行う回航とに分かれるし、回航するならそのための人員も必要になる。

あるいは、宿泊先や交通の手配など、遠征のための事務作業も多い。チェックリストを作って担当を決め、効率よくレースに備えよう。

レース当日

レース当日になった。この日もスタート前、いやマリーナを出る前にやっておかなければならないことはいろいろある。14ページでも触れたがいまいちど。

14ページでも触れたがいまいちど。

出艇申告

レース当日の朝、出艇申告が義務づけられている場合も多い。クルーリストはこのときに提出することとなっていることもあり。これを忘れるとそれだけで失格になることもあるので要注意。忘れることなんてあり得ないと思われるかもしれないが、艇になにかトラブルがあったりなどという突発的な事態に遭遇すると、ついついうっかりということもある。慣れないうちは、手の甲にマジックでチェックリストを書いておくくらいの気合が必要かもしれない。

当日の気象チェックはもちろん、それに合わせて積み込むセールを、当日の朝チョイスするということもあるだろう。飲み物と昼食の手配も忘れずに。燃料は必要十分に入っているかな?

飲み物はペットボトルの飲料を積むケースが多いが、昨今はプラスチックごみを減らすということから、ペットボトルは使わないという運動も起きている。

何本かは冷凍しておき、冷やしたボトルと合わせてアイスボックスに入れておけば、これが氷代わりになって一日冷たい飲料が飲める。必要な飲料水が、「クルー1人あたり2リットル」などと規定されていることもある。真夏のレースでは、出港前の準備段階でかなり飲んでしまったりする

レース当日の朝、その日のコンディションに合わせてセールを積み込む。サポートボートがある場合は、スタート海面でセールの積み替えを行うケースもある。サポートボートの運用に関しては、帆走指示書に細かく規定されていることもあるので、ショアクルーもすべての書面を読み込んでおかなければならない

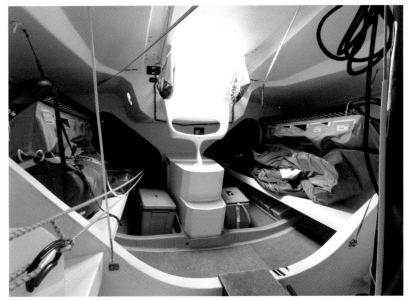

レース状態のキャビンの中。2013年ジャパンカップの優勝艇〈サマーガール〉（ファースト40.7）は、純レーサーではないので木材をたっぷり使った充実の内装だが、不要なものはすべて降ろしてあり、キャビンの中はセールで占領されている

こちらは〈ガスト〉（カー40）。左の〈サマーガール〉と比べると、だいぶあっさりしている。キャビンの造作自体も不要なものは一切ない。当然ながら、積み込み品も不要なものは一切なし。ここからコンディションによって軽風時は前寄り、強風時は後ろ寄りといった具合にセールを前後に積み替える

のでこちらも要注意。

1日2レース以上がスケジュールされていればレースの合間に昼食を取ることになる。手軽に食べられるように、おにぎりやサンドイッチ、調理パンなどがよく使われる。甘い物も喜ばれる。

レース当日はいつにも増して慌ただしい。これら各種の作業も担当を決めて漏れなく進めていこう。

ミーティング

現在のブイ回りのレースはかなりフィジカルだ。朝から準備運動としてストレッチングを行うチームも多い。これも、各自で済ませてもいいが、チームで輪になって行うことで、あらためてチーム内の結束を高めるという効果もある。

続けてチームミーティング。スキッパー、あるいはタクティシャンは今一度帆走指示書をよく読んで、クルー全員に伝える。

また、当日の天候、潮汐の状況、そこから全体戦略や注意すべきライバル艇の情報なども、クルー全員で共有しよう。朝のミーティングは重要だ。ハーバーを出てレース海面に向かう途中の時間も無駄にしないようチームワークを高めていこう。

個人の準備

チームとしての準備とは別に、レース期間中の休みを取るなどといった個人の準備も必要だ。体重制限があるなら、それに合わせた減量も各自のノルマとして課せられることもある。

個人装備

レース艇に持ち込める個人の荷物は限られている。着替えなどは当然ながら、天候によってはカッパすら持ち込むなとするチームもある。朝、その日の天候を予測して必要最低限の荷物で済むよう、熟慮が必要になる。経験が乏しいなら、ほかのクルーに相談してみよう。

通常は、短パンにシャツ。シャツは特に乾きのいいものを。肌寒いようならアンダータイツや長袖のアンダーシャツと重ね着をし、風速が上がり波をかぶるようになったらカッパのトラウザーズ、続けてジャケットも着るというパターンが一般的なようだ。

デッキシューズにするかブーツにするか。キャップやサングラスといった小物が特に重要になる日もあるだろう。ポジションによってはセーリンググローブや膝パッドなどを使うクルーもいる。

ライフジャケットやセーフティーハーネスは艇に備え付けのケースもあるし、私物を持ち込むことも多くなっている。これらは日ごろのメインテナンスも重要だ。

私物はそれぞれバッグに入れて持ち込むことになる。あるいはカッパだけそのまま、あるいはセールタイなどで縛って持ち込むというケースもあり、より軽量化できる。この場合、鍵や財布といった重要な小物をどうするか。ギャレーのシンクに入れることもあるかと思うが、レース中のゴタゴタで紛失する危険もある。私物をバラで持ち込むケースに備えて、共通の収納場所をチーム内で決めておくのもいいだろう。

デイレースなら、個人用の朝食を持ち込みハーバーを出た後スタートまでの間に食べて腹ごしらえということもある。また、日焼け止めも、各自持ち込む場合が多いかもしれない。これなど、チームで一つ用意しておけば、余計な荷物を防げる。

いずれにしても、一人一人が必要最低限を目指すことで、軽量化につながる。もちろん、レース後の着替え類は、自動車の中などマリーナ側に置いて出艇することになるわけで、コミュニケーションを密にし、その日は何が必要で何が必要でないかを各自で見極めよう。

ドックアウト

スタートラインには1時間前までには着いていたい。そこから逆算すればドックアウトの時間も割り出せる。さらにそこから、ドックアウトまでの準備にかかる時間を計算し、集合時間を決める。全員同時に集合する必要もないので、計画的に進めよう。上架艇の場合、下架依頼とその順番など、要素はいろいろある。

大会本部

レガッタの中心となるのが大会本部だ。運営スタッフが陣取り、さまざまな手続きが行われる。公式掲示板も近くにあるはずだ。レース公示や帆走指示書の変更事項など重要な公示を見逃さないように出港前に必ずチェック。あるいは、スタートの延期、陸上待機の指示などの視覚信号が揚がることがあるので、こちらも確実にチェックだ。

帆走指示書

レースの日程、開催場所、適用規則、参加資格などが記された「レース公示」に加え、実際のレースの進行手順などに関する規則が記載されたものが「帆走指示書」だ。この段階ではすでに手にしていると思うが、当然ながら艇に積み込む。コースやスタート手順の確認など、レース中にも参照したくなることは多い。

加えてルールブックなど、艇に積み込んでおきたい印刷物はいろいろある。リスト化して、決まったバッグに入れるなどし、忘れないようにしよう。スキッパー、タクティシャン、ナビゲーター、誰がそれを担当するのか確認しておく必要がある。

レースコース

本書では、風上マーク、風下マークを回航するいわゆるソーセージコースを中心に、リグスタイルごとに異なるマーク回航時のアクションについて見てきた。

最近は、これにサイドマークを設けたトライアングルコースも出てきているし、既存の航路標識などと組み合わせて、より複雑なコースが設定されるようなケースもあり、その場合、マークを左に見て回航するポートラウンディングだけでなくスターボードラウンディングになることもあり、クルーワークのバリエーションはより広くなる。

単なるソーセージコースでも、コースを何周するのか。フィニッシュは風下マーク側か風上マーク側か、スタートシークエンスの直前に指示が出ることが多い。どのような合図があればどのコースになるのか。帆走指示書に照らして、混乱なく乗員全員が把握できるようにしておこう。

スクラッチシート

着順勝負のワンデザインレースでは、勝敗は、レース中でもはっきりしている。しかしハンディキャップレースでは、トップを走っているからといって、勝っているとは限らない。最後尾を走っていても、修正後はトップなのかもしれない。戦略／戦術的には、ハンディキャップレースでもレース中、常に他艇との勝敗を意識してレースをする必要がある。

ハンディキャップシステムにもいろいろあるが、所要時間にハンディキャップ値（係数）を乗じて修正タイムを出すのがタイムオンタイムシステム。事前に全参加艇のハンディキャップ値が記載されたエントリーリストが配られているはずだ。これも当然艇に積み込むが、これだけでは、レース中、瞬時に勝ち負けの判断をしにくい。そこで、あらかじめ、自艇を中心として他艇との時間差を計算したスクラッチシートを作っておく必要がある。

スクラッチシートは、1時間、10分、と時間を区切って何枚か用意する。あるいは、表計算ソフトをそのままタブレット端末などに読み込ませておき、所要時間をその都度入力するという方法もある。

レース中にその時点での勝ち負けを把握することで、より効果的な戦術を練ることができるわけで、このあたりはタクティシャンあるいはナビゲーターの重要な役目となる。

スクラッチシート

ハンディキャップレースでは、他艇との勝敗を、レース中も逐一把握しておくことが重要だ。スクラッチシートがあれば、マーク回航時におおよその勝ち負けが分かる。表計算ソフトを使えばさらに正確だ

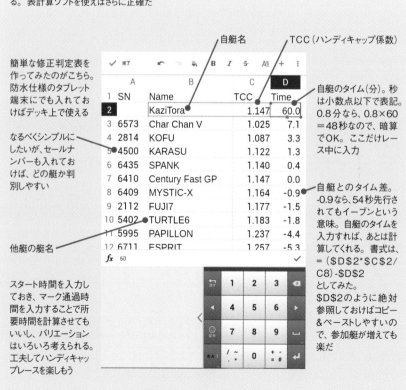

簡単な修正判定表を作ってみたのがこちら。防水仕様のタブレット端末にでも入れておけばデッキ上で使える

なるべくシンプルにしたいが、セールナンバーも入れておけば、どの艇か判別しやすい

他艇の艇名

自艇名

TCC（ハンディキャップ係数）

自艇のタイム（分）。秒は小数点以下で表記。0.8分なら、0.8×60＝48秒なので、暗算でOK。ここだけレース中に入力

自艇とのタイム差。-0.9なら、54秒先行されてもイーブンという意味。自艇のタイムを入力すれば、あとは計算してくれる。書式は、＝（D2*C2/C8)-D2としてみた。D2のように絶対参照しておけばコピー＆ペーストしやすいので、参加艇が増えても楽だ

	A	B	C	D
1	SN	Name	TCC	Time
2		KaziTora	1.147	60.0
3	6573	Char Chan V	1.025	7.1
4	2814	KOFU	1.087	3.3
5	4500	KARASU	1.122	1.3
6	6435	SPANK	1.140	0.4
7	6410	Century Fast GP	1.147	0.0
8	6409	MYSTIC-X	1.164	-0.9
9	2112	FUJI7	1.177	-1.5
10	5402	TURTLE6	1.183	-1.8
11	5995	PAPILLON	1.237	-4.4
12	6711	ESPRIT	1.257	-5.3

fx 60

スタート時間を入力しておき、マーク通過時間を入力することで所要時間を計算させてもいいし、バリエーションはいろいろ考えられる。工夫してハンディキャップレースを楽しもう

海面チェック

ドックアウト後は、まずは本部船を探して近くに向かう。途中、風上マーク付近を通るなら、そこでの風向風速、そして潮流のチェック。ここでセールを揚げて走ることもあり。あるいは本部船の近くに着いてからメインセールアップすることもある。いずれにしても、スタート前に一通り帆走しておく。ここで得た風向風速、そして潮流のデータは、連続してメモを取って残す。

キャリブレーション

戦略／戦術にはデータが欠かせない。風向風速、潮流などのデータを基に戦略を立て、戦術を駆使することになる。レースボートには、風向風速計とスピードメーター、コンパスがつながり、真風速／真風向／真風位といった風の情報、あるいはGPSもつないで海流や潮流といったデータを得ることができる。

そのためには、まずは各入力データを正確に、誤差があればそれを調整しておく必要がある。これをキャリブレーション（calibration：較正）という。正しくキャリブレーションしておくことで、正確な計算データが得られるのだ。キャリブレーションには時間がかかる。準備段階、練習時

などに済ませておかなければならないが、最終的にはスタート前に再チェックだ。

リグセッティング

コンディションに合わせてリグをセットする。通常はレース中には調整しないよう規定されているので、準備信号が揚がる前に済ませる。風域が微妙で、ギリギリまで判断できないこともある。あるいは、1レース目が終わって、2レース目との間にセッティングを変えることもある。いずれにしても、ボートスピードに大きく影響する。作業の時間をとっておこう。

複数日にわたるシリーズレースでは、日々の船底掃除も重要。選手権では期間中上架できないケースもある。その場合、風呂で背中を洗うようにデッキ両舷からタオルとロープを渡してゴシゴシやることもあるが、一番良いのはタンクを背負って潜ること。こうした装備およびクルーが要るか否か、あるいは事前に手配しておくか、などというのも、勝負の分かれ目になる

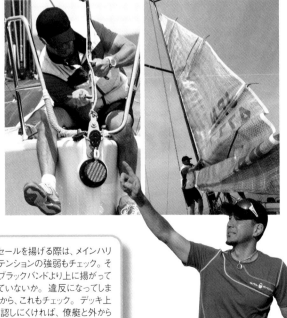

スタート前に、そのレースのコンディションを考慮してマストチューニングを行います。リグテンション、マストレーキ、マストステップの位置などを決定しセット。メインセールを揚げる前にはバテンテンションの調節。艇によっては強風用、軽風用、異なるバテンを使う場合もあるので、ここでの決定は重要です。

メインセールを揚げる際は、メインハリヤードテンションの強弱もチェック。その際、ブラックバンドより上に揚がってしまっていないか。違反になってしまいますから、これもチェック。デッキ上から確認しにくければ、僚艇と外からチェックし合うこともあります。

リグセッティングの決定は、誰が、いつ行うのか。まずはこれをハッキリしておく必要がありますね。ドックアウトしてスタート海面までがダウンウインドになるなら、ヘッドステイの調節も割合楽なんですが、アップウインドだと、作業が大変だったりします。そんな条件も考慮してドックアウト前に段取りを考えておくこと。実際に作業を行うクルーとしては、先に状況を察して準備しておくことも重要ですね。

ドックアウトからレース海面に向かう途中で、最後のチェックをあれやこれやと済ませ、海面を流す。準備信号が揚がればレースの始まり。ここからスタートラインを切るまでにも、やることはいっぱいある。逆に言えば、スタートラインを切った時点で、レースの半分は終わっているともいえる

スタートライン

スタートラインは、二つのスタートマークをつないだ仮想の線上となる。スタートラインは風向と直角に設定され、そこから風上に向かってスタートする。スターボードエンドのスタートマークは本部船となることが多い。

本部船

本部船からはさまざまな信号が発せられる。あるいは、スタート前にここでチェックインを行うよう定められていることもある。さらには本格的なオフショアレースでは、ここでストームトライスルを展開して示すよう指示されているケースもある。いずれも、レース公示や帆走指示書をよく読んで、手続きのミスがないように注意しよう。

まずは、コースの指示。最初の風上マークまでの方位と距離が数字で記されたボードあるいは数字旗で示されることもある。しっかり確認し、クルー全員に伝達しよう。別のレースのマークブイが重なって設置されている可能性もあり、ここでマークを間違えるというミスも間々ある。

スタートに向けた信号も、本部船から発せられる。信号には視覚信号と音響信号とがあり、視覚信号が優先される。

信号は通常、

・スタート5分前→予告信号掲揚→音響信号1声
・スタート4分前→準備信号掲揚→音響信号1声

ここからレース中となり、ルールが適用される。

・スタート1分前→準備信号降下→長音1声
・スタート→クラス旗降下→音響信号1声となる。

予告信号には、大会旗やクラス旗など、帆走指示書に記載された旗が用いられる。準備信号には、P旗、I旗、Z旗、黒色旗などが用いられ、それぞれ適用されるルール（ペナルティー）が異なる。このあたりはルールブック（セーリング競技規則30）を参照。あるいは別途、帆走指示書に明記してあることもある。クルー全員で把握しておこう。

標準的なスタートラインがこちら。風向に直角に、右側（スターボードエンド）に本部船、左側（ポートエンド）はマークブイが用いられる

ルール上の制約からスターボードタックでスタートラインを切るケースがほとんどになるので、こちら、左エンドを風下エンドと呼ぶ。単にシモとも。あるいはピンエンドと呼ぶこともあり

マークは浮力のある物体。通常は空気で膨らませるブイ。スタートラインはそのコース側の端から、スターボードサイドのオレンジ旗の揚がるポールを結ぶ線となる

標準的なスタートラインは、このように風上に向かってスタートしていきますが、ディスタンスレースやオフショアレースでは、スピネーカーを展開してのスタートになることもあります。また、大小さまざまな艇種が一斉にスタートするようなケースも多く、自艇の置かれた状況によってスタート戦略は大きく変わってきます。想定したシナリオをクルー全員に説明しておきましょう。

対してこちらが風上エンド。あるいは単にカミとも呼ぶ。カミエンドに本部船が位置することがほとんど。これがスタートマークとなり、スタートラインは、そこに「オレンジ旗を掲揚したポール」などと、より詳しく定義される

スタートライン

本部船（Main Race Committee boat）はアンカーで錨泊している。コースの指示、スタートの合図など、多くの信号が発せられることから、（signal vessel）とも記される

ほとんどのルールは準備信号後から適用されるが、陸上でY旗（ライフジャケット着用）が掲揚された場合、準備信号が揚がる前も適用される。また規則55（ごみを水中に投棄してはならない）も、水上にいる間は常に適用される。

スタートラインのチェック

スタートラインは風向と直角に設定されるが、常にイーブンであるとは限らない。風向自体が変化するものなので、ラインの傾きを常に把握しておく必要がある。スタートラインの方位を測っておけば、あとは真風位の変化でどちらのエンドが有利か判断できる。まずはラインの方位を把握しよう。準備信号が揚がる前に本部船の位置を変える（アンカーラインを出し入れする）こともある。本部船上の動きには常に注意。

風向チェック

走っているヨット上で真風位を知るのはなかなか難しい。一番確実なのが、ヨットを止めて風位に立てること。風位に立てた状態でコンパスを読む。ここでそのままバックして、キールやラダーに付いた藻を取ることもある。

また、航海計器で真風位を常に計算し表示するものもあり。これも変化の傾向をグラフ化してくれるようなものなら、そこまでの経過から先を読みやすい。あるいはメモしておくのもいい。

プロスタート

スタート時に便利な、さまざまな計器が出てきている。「プロスタート」もその一つ。GPSを用いてスタートラインまでの距離を示すシステムで、内蔵バッテリーで独立して動くので、取り付けも簡単。小型艇でも搭載できる。クラスルールで制限されていることもあるが、手軽に活用できる。使い方は次ページを参照。

セールの選択

「レース中」の定義は、準備信号が揚がった後。つまり、それまでにはエンジンを止めて（機走しないように）おかなければならない。もちろんその前にメインセールアップ。ジブも、いったん揚げてチェックする。

ハリヤードのマーキングなども、ここで再確認。ポケットにはいつもマーク用のビニールテープを入れています。1レース目と2レース目でコンディションがまったく異なるケースもあります。朝から風待ちの末、まったく違う風でレースが始まることもある。セールの搭載場所もコンディションによって違ってくるので、そんなことも、ここで確認します。

スタート前、ジブも揚げてきちんと走り、ジブリーダーのリード位置、バーバーホーラーのリード位置などを確認します。ここで、リグセッティングを最終的に確認。またダウンウインドもしっかり走っておきましょう。タックによって波の方向が違ったりするときなど、左右のタックで走らせ方が変わってきます。レース前に走りの感覚をチェックしておくことは重要です。

このままスタートのシークエンスに突入するケースもあるが、いったんジブを降ろしておくこともある。この場合、ここでそのほかの艤装も最終確認。スピネーカー、ジェネカーはすぐに展開できるようにセットできているか。ハリヤードは間違えていないか。そのほかシート類がねじれていないか。さらにはプロペラに藻が絡まっていないか。羽根はきちんと閉じているかなどなど、チェック、チェック。

フォールディングタイプのプロペラは縦方向に閉じているのが正しい状態で、最も抵抗が少なく、多少なりともリフト効果がある。艇によってはプロペラチェック用の小窓などがあるので、ここもスタート前の重要な作業になる。

そして、予告信号、あるいは準備信号が揚がった時点でその時間を取り、いよいよヘッドセールを揚げる。

どのセールを使うか、判断が難しい場合もある。その場合は、2枚ともデッキに

● プロスタート

電子機器もさまざまなものが出てきている。こちら、わりと単純な、スタートラインまでの距離を示す「プロスタート」。内蔵バッテリーで動くので、小型艇でも工事なしで設置できる

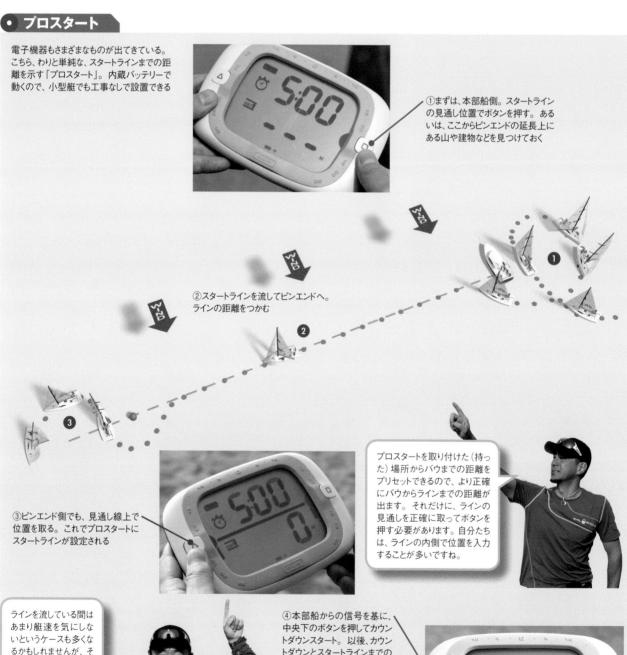

①まずは、本部船側。スタートラインの見通し位置でボタンを押す。あるいは、ここからピンエンドの延長上にある山や建物などを見つけておく

②スタートラインを流してピンエンドへ。ラインの距離をつかむ

③ピンエンド側でも、見通し線上で位置を取る。これでプロスタートにスタートラインが設定される

プロスタートを取り付けた（持った）場所からバウまでの距離をプリセットできるので、より正確にバウからラインまでの距離が出ます。それだけに、ラインの見通しを正確に取ってボタンを押す必要があります。自分たちは、ラインの内側で位置を入力することが多いですね。

ラインを流している間はあまり艇速を気にしないというケースも多くなるかもしれませんが、それでもセールトリマーは、セールトリムに集中し、細かいトリムを怠らないこと。これで風の変化に気づきやすくなります。変化をいち早くつかみ、タクティシャン、ヘルムスマンに伝えましょう。

④本部船からの信号を基に、中央下のボタンを押してカウントダウンスタート。以後、カウントダウンとスタートラインまでの距離が刻々と表示される

カウントダウンから、いよいよスタートラインへのファイナルアプローチになったら、スピード、高さのコントロールを、ヘルムスマンと綿密なコミュニケーションを取りながら行いましょう。

置いておき、どちらかを選択。あるいは強風でメインセールをリーフ（縮帆）するか否か迷うときもあるだろう。

このあたり、作業にどのくらい時間がかかるかを把握して、クルーに指示しよう。クルーは常にさまざまな可能性を念頭に準備しておこう。

スタートラインへの アプローチ

準備信号が揚がった。レースは始まった。スタートラインに向けて動き始めることになる。

カウントダウン

スタートラインは長い。ラインの傾きによって、どちらのサイドが有利なのか。戦略的に、スタート後にどちらの海面に展開したいのか。場合によっては、2列目からでもいいのですぐにタッキングして艇団から離れて走りたい、という戦術もあるだろう。タクティシャンは、自分が描くスタートまでのシナリオを全員に説明しておこう。

スタート時刻に合わせてラインを切るのがヨットレースのスタートだ。カウントダウンとともにスタートラインまでの距離、到達

時間などもバウマンからコール。このとき、プロスタートが助けになってくれるかもしれない。

艇団が密集すると両エンドが見えないときもある。あらかじめラインの見通し（ラインを見通す線の先にある、山の稜線や建物、海上のブイなどの目標物）を取っておき、ラインまでの距離の目安にする。

もちろん、ラインをオーバーしているようなら、それもコールだ。

声が後ろまで聞こえないことも多い。バウマンはハンドサインでヘルムスマンと会話しよう。ラインまでの距離（◯艇身）を指の本数で、時間が足りないならクルクル回し、早すぎるようならグー、といったサインを決めておこう。

無線

スタート信号時にスタートラインを越えていた場合、本部船から音響1声とともに信号（X旗）が揚がる。これがリコール。「呼び戻す」の意。リコールされた艇は、いったん戻ってスタートラインを切り直さなければならない。

リコール艇は無線で呼ばれることもある。担当を決めて無線に耳を傾けよう。自艇が2番目、3番目で出てX旗が揚がっ

レース中、風向風速の変化や潮の流れなど、細かいことはどんどんメモしていく。タクティシャン以外でも、レースが終わったら、気がついたことはメモに残して日記にまとめ、次回のレースに生かしたい

た場合、先頭艇がリコールされたことは明らかだが、自艇が出ていたか否かは分かりにくい。戻るなら、少しでも早く行動に移したほうがダメージは少ないわけだから、ここでの無線のコールは重要だ。

多数の艇がリコールされてスタートをやり直す場合は、ゼネラルリコールとなる。この場合は第一代表旗が掲揚される。いずれにしても、スタート後は、風上マークを目指すとともに、本部船からの信号もしっかり確認しよう。

さあ、レースが始まった。これまでの準備や練習の成果を発揮しよう。まずは風上マークへ向けて、……とりあえずマックスハイクだ。

次を目指して

いかがでしたか。オーバーラップジブとスピネーカーのレガシーリグに対して、ノンオーバーラップジブとジェネカー。後者は、ガンポールもあれば固定のバウスプリットもありのイマドキリグ。さらには両者を併用するハイブリット……これは勝手に命名させていただきましたが、連載の途中、そして単行本化されるまでにもさらに進化し続けていて、超イマドキリグなんかも登場しております。

それも、一つはハンディキャップルールの変遷という側面も大きく、これもまたヨットレースの面白いと

ころなのですが。

虎の巻クルーの皆さんも、国内外にさらなる活躍の場を広げているようです。この後、フォイリングカタマランが一般化して、元祖『クルーワーク虎の巻』から、本書『続・クルーワーク虎の巻』の、さらに続編が生まれるのか？

本書ではあまり触れませんでしたが、基本の基本は安全です。ヨットレースは、どこまで無理がきくかを競う競技でもあるわけですが、装備や練習というキッチリした準備をした上での無理を競うわけで、基本は安全。事故なく、楽しく、エキサイティングなヨットレースをお楽しみください。

（後列左から）メインセールトリマー：笹木哲也、オーナー／ヘルムスマン：内海 哲、ピットマン：和歌山英樹、（前列左から）タクティシャン：中村健一、ヘッドセールトリマー：本田敏郎、バウマン：伊藝徳雄

[著者プロフィール]

高槻和宏（たかつき・かずひろ）

1955年、東京生まれ。大学時代からヨットに
乗り始め、卒業後も、修理屋、セールメーカー、
回航屋、レース運営など、一貫してヨット業界で
過ごす。国内外の多くのレースにも参戦、数多
くのタイトルを獲得している。ヨット雑誌『Kazi』
への寄稿や、ヨット関連の著書多数。

現役トップレーサーが教える
ヨットレースで役立つテクニック

続・クルーワーク虎の巻

2020年1月8日第1版第1刷発行
[解説] 高槻和宏
[写真] 山岸重彦、宮崎克彦
[イラスト] 高槻和宏

[発行者] 大田川茂樹
[発行所] 株式会社 舵社
　　　　　〒105-0013
　　　　　東京都港区浜松町
　　　　　1-2-17 ストークベル浜松町
　　　　　電話：03-3434-5181（代表）
　　　　　　　　 03-3434-4531（販売）
　　　　　FAX：03-3434-5860
　　　　　http://www.kazi.co.jp/
[編集] 中島 淳
[装丁] 鈴木洋亮
[印刷] 株式会社 大丸グラフィックス

定価はカバーに表示してあります。
無断複写、転載を禁じます。
ISBN978-4-8072-1051-0